독자의 1초를
아껴주는 정성
길벗출판사

세상이 아무리 바쁘게 돌아가더라도
책까지 아무렇게나 빨리 만들 수는 없습니다.

길벗은 땀 흘리며 일하는 당신을 위해
한권 한권 마음을 다해 만들겠습니다.

마지막 페이지에서 만날 새로운 당신을 위해
더 나은 길을 준비하겠습니다.

대한민국 No.1 AI 능력시험
AICE Future 1급
AI Certificate for Everyone-Future Level 1

초판 발행 · 2025년 1월 2일

지은이 · (주)케이티, (주)와이즈교육
발행인 · 이종원
발행처 · (주)도서출판 길벗
출판사 등록일 · 1990년 12월 24일
주소 · 서울시 마포구 월드컵로 10길 56 (서교동)
대표전화 · 02) 332-0931 | **팩스** · 02) 323-0586
홈페이지 · www.gilbut.co.kr | **이메일** · gilbut@gilbut.co.kr

책임편집 · 정미정(jmj@gilbut.co.kr)
표지 및 본문 디자인 · 강은경 | **제작** · 이준호, 손일순, 이진혁 | **마케팅** · 조승모, 유영은
영업관리 · 김명자 | **독자지원** · 윤정아

내지 디자인 · 김희정 | **전산편집** · 김희정 | **CTP 출력 및 인쇄** · 정민 | **제본** · 정민

- 이 책은 저작권법의 보호를 받는 저작물로 이 책에 실린 모든 내용, 디자인, 이미지, 편집 구성은 허락 없이 복제하거나 다른 매체에 옮겨 실을 수 없습니다.
- 인공지능(AI) 기술 또는 시스템을 훈련하기 위해 이 책의 전체 내용은 물론 일부 문장도 사용하는 것을 금지합니다.
- 잘못 만든 책은 구입한 서점에서 바꿔 드립니다.

© (주)케이티, 2025

ISBN 979-11-407-1441-4 13000
(길벗 도서번호 030959)

정가 25,000원

독자의 1초까지 아껴주는 정성 길벗출판사
(주)도서출판 길벗 | IT단행본, 성인어학, 교과서, 수험서, 경제경영, 교양, 자녀교육, 취미실용 www.gilbut.co.kr
길벗스쿨 | 국어학습, 수학학습, 주니어어학, 어린이단행본, 학습단행본 www.gilbutschool.co.kr

인스타그램 · thequest_book | **페이스북** · thequestzigi | **네이버포스트** · thequestbook

시나공

대한민국 No.1 AI 능력시험

AICE FUTURE

1급

길벗

AICE Future 1급 수험서를 내며……

　AICE(AI Certificate for Everyone)는 한국경제신문과 KT가 공동으로 시행하는 '인공지능 활용 능력시험'으로 초보자를 위한 〈AICE Future〉부터 전문가를 위한 〈AICE Professional〉까지 체계적으로 설계되어 있습니다. 특히 초보자를 위한 〈AICE Future〉의 경우 초등학생과 중학생을 대상으로 AI 기초 지식과 AI 활용을 위한 기본 코딩 역량을 측정하고 그 방향성을 제시하는 데에 목적을 두고 개발되었습니다.

　〈AICE Future〉 3급에서는 AI 코딩을 위한 기본 코딩 실습과 음성 인식, 음성 합성 등 기초적인 AI 활용 방법을 중심으로 구성하였습니다. 그리고 2급에서는 데이터를 다루는 기초적인 방법과 영상 인식, 자동 번역기, 머신러닝 기초 학습 등을 중심으로 AI를 실제적으로 활용하는 방법을 실습 중심으로 구성하였고, 1급에서는 3급과 2급에서 쌓은 지식을 바탕으로 현재의 인공지능 기술이 구현할 수 있는 다양한 기능을 직접 다루어 보며 첨단 인공지능 기술에 대한 지식을 습득하여 활용할 수 있는 능력을 키우도록 구성하였습니다. 이러한 단계별 목표를 달성하기 위해 저술된 이 책의 특징은 다음과 같습니다.

　첫째, 인공지능의 개념과 특징, 데이터에 대한 이해, 그리고 딥러닝 기술에 대한 기본적인 지식과 활용 분야 및 발전 방향 등 인공지능의 이론적 지식을 확장합니다. 그에 따라 인공지능으로 문제를 해결하는 방법과 인공지능의 사회적 영향이 실제로 어떤 문제를 해결할 수 있는지 제시하여 인공지능에 대한 통찰력을 키우게 합니다.

　둘째, 함수와 반복 블록 등 코딩에 필요한 기본적인 지식과 알고리즘을 학습합니다. 3급과 2급에서 배운 기본적인 내용과 더불어 이를 심화 응용할 수 있는 복합적인 코드의 활용 방법을 통해 실용적인 인공지능 기술을 배우게 됩니다.

　셋째, 여러 분야의 다양한 데이터를 불러와 데이터를 가공하고 활용하는 방법을 제공합니다. 공공데이터 포털의 API 활용 코딩이나 실시간 데이터를 활용한 API 코딩, 회귀 분석을 통한 예측 모델 실습 등 데이터 분석과 활용에 대한 응용 방법을 배우게 됩니다.

　넷째, 실생활에서 사용되는 다양한 AI 기능 실습을 합니다. 광학 문자 인식 기술을 활용한 다양한 AI 코딩 실습, 안면 인식 기술과 감정 분석을 활용한 AI 응용 실습, 구글의 티처블 머신을 활용한 딥러닝 모델링과 활용 등을 실습합니다.

　아울러 이 책에서의 효과적인 학습을 위하여 이미지와 자료 데이터, 코드 파일 및 모의 평가 문제와 정답 코드 파일을 제공합니다. 실습에 필요한 자료는 'AI 코디니' 사이트에서 다운받을 수 있으며, 필요할 때 편리하게 학습에 활용할 수 있습니다.

　이 책을 통해 학습한 뒤 AICE Future 1급 자격검정 시험을 통과한다면 전문가들이 직접 AI 코딩에서 사용하는 프로그래밍 언어에 대한 기본 구조를 파악하며 현실에서 볼 수 있는 다양한 AI 기술을 AI 블록 코딩 언어인 'AI 코디니'로 구현할 수 있는 능력을 갖추게 됩니다. 이러한 능력은 본격적으로 AI 시대를 살아갈 다음 세대들이 기본적인 AI 활용 역량과 AI 시대에 대한 통찰력을 갖도록 합니다. 독자 여러분들이 〈AICE Future〉를 통해 습득한 역량으로 우리나라 미래 AI 기술의 발전에 기여하기를 희망합니다.

Team AICE

AICE Future 검증단 선생님들의 생생 후기

"미래를 살아갈 학생들에게 필요한 것은 분절적인 지식 기능이 아닌, 우리 사회를 바람직하게 만들 수 있는 마음과 의지입니다. 이번 수험서를 통해 학생들은 이러한 마음과 의지를 기를 수 있을 것이며, 앞으로 학생들의 삶은 물론이고 우리 사회에도 긍정적인 영향을 미칠 것입니다."

저서: 엔트리 인공지능 with 햄스터로봇 공저, 현직 선생님들께서 알려주시는 원격수업 공저, 교사를 위한 인공지능 교육 가이드북 공저

서울 창림초 정인재 선생님

"AICE Future 1급 수험서는 인공지능의 이론부터 시작하여 데이터를 다루는 방법, 그리고 직접 공개된 데이터 셋을 이용하여 인공지능 모델과 프로그램까지 만들어보는 인공지능 활용 능력을 온전히 익힐 수 있는 좋은 교재입니다. 특히 다른 교재에서는 보지 못한 참신하고 실제적인 예제들이 매우 인상 깊습니다."

저서: 심쿵쌤쿵 이야기 코딩 교과서 (금성출판사), 나도 마이크로비트로 코딩한다 (씨마스), 초등생 스마트 스쿨 공부법 (정일)

서울 청량초 김경상 선생님

"코디니의 블록코딩으로 하나하나 실행하며 따라가다보면 인공지능과 데이터의 전문가가 될 수 있는 최고의 교재입니다. 어렵게 느껴질 수 있는 인공지능이나 데이터 예제를 꼼꼼한 설명으로 알기 쉽게 풀어낸 방식이 놀랍습니다."

저서: 앱과 구글로 지금 당장 해보는 스마트교육(2015), 초등생 스마트스쿨 공부법(2021)

서울 답십리초 김원유 선생님

"인공지능의 핵심 개념부터 최신 기술 동향까지 단계별로 학습하며 체계적으로 배울 수 있는 수험서, 인공지능 분야에 대한 깊이 있는 이해를 원하는 당신에게 AICE Future 1급을 추천합니다!"

서울 신미림초 김행선 선생님

"인공지능 학습에 관심과 열정이 많은 학생들에게 KT AICE Future 1급 수험서가 제공될 수 있게 되어 기쁩니다. KT AICE Future 1급 수험서는 인공지능에 대한 깊이 있는 이해와 관련 문제를 해결하는 과정을 제공함으로써, 디지털인공지능 시대에 필요한 역량을 기르는 데 큰 도움이 됩니다. 많은 학생들이 이를 통해 미래사회에 필요한 인재로 자라나길 응원합니다."

서울 진관초 인주상 선생님

"AICE Future 1급 수험서는 인공지능의 원리를 이해할 수 있는 설명이 가득합니다. 또한 학생에게 어려울 수 있는 SW-AI 코딩 활동을 자세하고 친절한 설명을 통해 재미있게 따라할 수 있도록 설계되어 있습니다. 보다 깊은 SW-AI 활동을 원하는 학생들과 교사들에게 강력히 추천합니다!"

경기 금신초 정지범 선생님

"인공지능이 우리의 일상과 산업 전반에 미치는 영향이 날로 커져가는 가운데, 인공지능 분야의 전문가로 거듭나고자 하는 여러분께 이 책은 단순한 지식 전달을 넘어서서, 깊이 있는 이해와 실질적인 실력 향상을 위한 다양한 예시와 문제를 제공합니다. AICE Future 1급을 목표로 하는 여러분의 도전에 본 수험서가 큰 힘이 되어주리라 믿습니다."

대구 대천초 이세미 선생님

AICE 안내

1. AICE 개요

AICE(AI Certificate for Everyone)는 인공지능 활용 능력을 평가하는 AI 능력시험입니다(AI 자격증). KT가 개발하고, 한국경제신문이 함께 주관하는 AICE는 인공지능 기술을 제대로 다룰 수 있는지를 검증합니다.

- **해석** 인공지능의 재료인 빅데이터를 해석하고 다룰 수 있는가? → **데이터에 기반한 문항** 기업 데이터, 공공데이터, Tabular/Image/Text 데이터 등
- **활용** 인공지능 기술을 상황에 맞게 활용할 수 있는가? → **실질적인 AI 활용 능력 평가** 데이터 탐색 〉 데이터 분석 〉 AI 모델링 〉 AI 모델 평가
- **해결** 현실의 문제를 인공지능으로 해결할 수 있는가? → **실제 사례 기반 문제 해결 역량 평가** 예시) (교통) 내비게이션 목적지 도착 시간 예측, (제조) 선박 수주 여부 예측 등

2. AICE 종류

AICE는 초등학생부터 성인까지, 비전공자부터 전문 개발자까지 생애주기별 필요한 AI 역량에 따라 5개의 레벨로 구성되어 있습니다.

PROFESSIONAL
이미지 등 다양한 종류의 데이터 기반 AI 서비스 모델 개발 역량

AI/SW 개발자, 전공자

문제 해결을 위한 다양한 데이터를 분석/처리 후 최적의 알고리즘을 적용하여 AI 모델링을 할 수 있는 능력을 평가

AICE 안내

ASSOCIATE
데이터 분석/처리 및 AI 모델링을 통한 비즈니스 혁신 역량

기획/분석, 준 전공자

실무에서 가장 많이 쓰는 Tabular 데이터에 대해 코딩(파이썬) 기반으로 데이터 분석/처리/모델링

BASIC
AI 원리, 업무 활용 이해 및 결과 해석 역량

직책자, 비전공자, 코딩 없음

실무에서 가장 많이 쓰는 Tabular 데이터에 대해 코딩 없이 Auto ML 기반으로 데이터 분석/모델링

JUNIOR
AI 개념, 용어, 프로세스 등 AI 문해력

중고등학생, 중고등학교 교사, 코딩 없음

생활 속 AI 적용 사례와 데이터를 가지고 코딩 없이 Auto ML 기반으로 데이터 분석/모델링

FUTURE 3급, 2급, 1급
AI 구현 원리 및 컴퓨팅 사고력

초등학생, 초등학교 교사, 블록코딩

누구나 쉽고 재미있게 블록코딩 기반으로 AI 핵심 작동 원리 이해 및 구현

AICE Future 1급
시험 안내

1. 주요 내용

AICE Future 1급(고급)은 인공지능의 기본 원리를 이해하고, 블록코딩을 활용하여 컴퓨팅 사고력과 창의적 문제 해결 역량을 키우는 AI 활용 능력시험입니다.

KT가 개발한 블록코딩 실습 도구인 'AI 코디니'를 활용하여 텍스트, 이미지 등 다양한 형태의 데이터를 분석하고, 머신러닝 심화 활용 및 단순 회귀 분석을 통해 미래 데이터를 예측하는 모델링 역량을 평가합니다.

2. AICE 문항 수와 출제 범위

AICE Future 1급 시험은 이론 1문항과 실습 7문항으로 구성되어 있습니다. 1~4번 문항은 각 10점, 5~8번 문항은 각 15점으로 총 100점 만점입니다.

이론
인공지능의 특징, 데이터와 딥러닝의 이해, 인공지능과 문제 해결, 인공지능의 사회적 영향 등 AI와 관련된 기본적인 지식에 대한 이해도를 측정합니다.

실습
기본 코딩, 데이터 관리, 데이터 분석, AI 활용, 머신러닝, 실시간 공공데이터 활용 등 AI 코딩에 대한 기본적인 능력을 측정합니다.

[블록 코딩 기능 고급]	변수, 반복문, 조건문 고급 / 음성 인식, 음성 합성, 호출어 고급 / 함수
[데이터분석 심화]	텍스트, 이미지, 엑셀, API 데이터 등 다양한 데이터를 활용한 데이터 분석
[머신러닝 프로그램 코딩 심화]	지도학습, 비지도학습, 단순 회귀 분석을 통한 미래 데이터 예측 모델링

3. 접수 및 응시 방법

모든 AICE 시험은 AICE 홈페이지(https://aice.study)를 통해 온라인으로 진행되며, AICE Future 시험은 온라인(비대면) 응시와 오프라인 시험장 방문 응시 중 선택할 수 있습니다.

4. 응시료

응시료는 50,000원입니다.

5. 응시 시간

시험은 총 60분 동안 진행됩니다.

6. 합격 기준

Future는 100점 만점에 60점 이상 득점 시 합격입니다. 합격자에게는 자격증과 디지털 배지가 무상으로 지급됩니다.

AICE Future 1급
학습용 데이터 다운로드

이 책에 사용된 실습 코드와 실습에 필요한 학습용 데이터 파일은 AI Codiny 또는 길벗출판사 홈페이지에서 다운로드할 수 있습니다. 학습용 데이터 파일을 다운로드한 후 AI 코디니 프로그램에서 직접 실습해 보세요.

학습용 데이터 다운로드

코디니 홈페이지 접속 → 학습하기 메뉴 → 교육자료 탭 → AICE FUTURE 클릭
(https://aicodiny.com/edu-resource?tab=3) → 학습자료 클릭 → 압축파일(zip) 해제

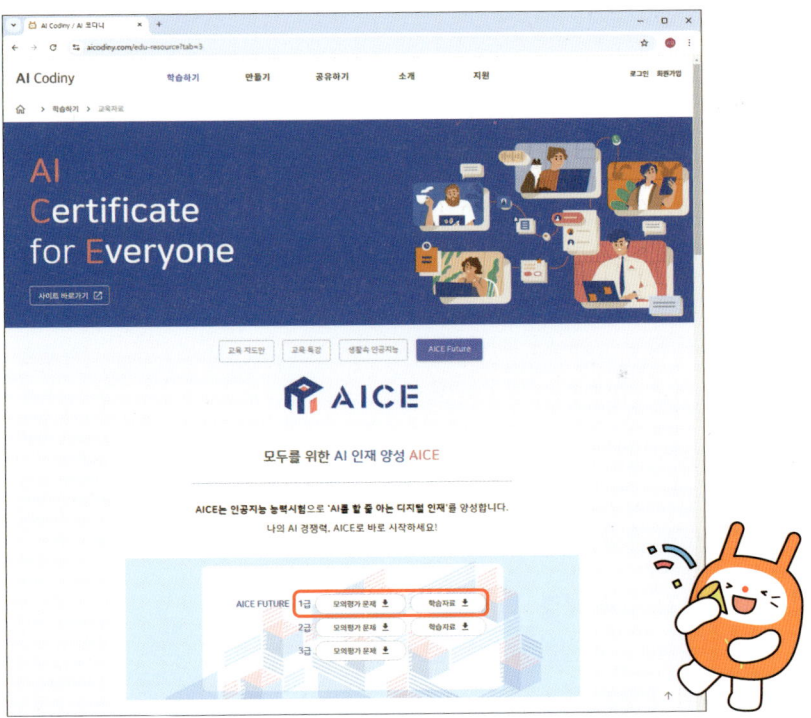

※ 압축 파일을 해제하면 본 수험서 학습에 필요한 각종 데이터가 장별로 정리되어 있습니다. 이 데이터를 컴퓨터에 저장하여 학습에 활용하세요.

CONTENTS 목차

- AICE 안내 · 6
- AICE FUTURE 1급 시험 안내 · · · · · · · · · · · 8
- AICE FUTURE 1급 학습용 데이터 다운로드 · · · · · 9

AICE FUTURE 학습하기

제1장 인공지능 이론

1. 인공지능의 개념과 특성
- (1) 인공지능이란? · · · · · · · · · · · · · · · · · · · 16
- (2) 인공지능의 특성 · · · · · · · · · · · · · · · · · 17
- (3) 인공지능이 적용된 소프트웨어 · · · · · · · · · 19

2. 인공지능의 학습
- (1) 인공지능은 어떻게 학습할까? · · · · · · · · · · 20
- (2) 데이터의 중요성 · · · · · · · · · · · · · · · · · 21
- (3) 데이터의 유형 · · · · · · · · · · · · · · · · · · 23
- (4) 데이터 전처리 · · · · · · · · · · · · · · · · · · 25

3. 기계학습과 딥러닝
- (1) 기계학습(머신러닝)이란? · · · · · · · · · · · · · 27
- (2) 딥러닝이란? · · · · · · · · · · · · · · · · · · · 28
- (3) 딥러닝의 발전과 활용 분야 · · · · · · · · · · · 30

4. 인공지능과 문제 해결
- (1) 인공지능으로 해결할 수 있는 문제 · · · · · · · 38
- (2) 문제 해결 과정 · · · · · · · · · · · · · · · · · · 39

5. 인공지능의 사회적 영향
- (1) 인공지능 기술의 양면성 · · · · · · · · · · · · · 40
- (2) 인간과 인공지능의 협업 · · · · · · · · · · · · · 41
- (3) 데이터 편향성 · · · · · · · · · · · · · · · · · · 42
- ●실전 문제● · 44

CONTENTS

제2장 AI 학습을 위한 심화 코딩

1. 함수의 이해
  (1) 반복 명령 사용하기 · · · · · · · · · · · 50
  (2) 함수 사용하기 · · · · · · · · · · · 51
  (3) 함수 호출하기와 돌려주기 · · · · · · · · · · · 52

2. 함수 코딩 블록
  (1) 함수 정의하기 블록 · · · · · · · · · · · 53
  (2) 결괏값이 없는 함수 블록 · · · · · · · · · · · 54
  (3) 결괏값이 있는 함수 블록 · · · · · · · · · · · 55
  (4) 매개 변수 사용하기 · · · · · · · · · · · 56
  (5) 함수 활용하기 · · · · · · · · · · · 58

3. 함수 응용하기
  프로젝트 입장객의 연령을 분석하는 AI 프로그램 · · · · · · · · · · · 65
  •실전 문제• · · · · · · · · · · · 70

4. 반복 블록 활용하기
  (1) 다중 반복문 코딩하기 · · · · · · · · · · · 74
  (2) 조건문과 반복문 활용하기 · · · · · · · · · · · 77
  •실전 문제• · · · · · · · · · · · 79

제3장 AI 학습을 위한 데이터 활용

1. 엑셀 데이터 활용하기
  (1) 엑셀 파일로 데이터 세트 만들기 · · · · · · · · · · · 85
  (2) 엑셀 파일 데이터 세트 업로드 하기 · · · · · · · · · · · 85
  (3) 엑셀 파일 불러오기 · · · · · · · · · · · 86
  (4) 엑셀 파일을 활용한 코딩하기 · · · · · · · · · · · 87
  프로젝트 역사 퀴즈 프로그램 · · · · · · · · · · · 88
  •실전 문제• · · · · · · · · · · · 95

CONTENTS

2. 공공데이터 포털 활용하기
- (1) 공공데이터 포털이란? · 98
- (2) 공공데이터 포털 가입하기 · · · · · · · · · · · · · · · · · · · 99
- (3) 공공데이터 포털 활용하기 · · · · · · · · · · · · · · · · · · · 102
- (4) 공공데이터를 활용하여 테이블 불러오기 · · · · · · · · · 104
- •실전 문제• · 109

제4장 다양한 AI 응용 코딩

1. 광학 문자인식(OCR)
- (1) 광학 문자 인식(OCR)이란? · · · · · · · · · · · · · · · · · · 113
- (2) 문자 인식 프로그램 코딩하기 · · · · · · · · · · · · · · · · · 114
- (3) 이미지 자동 번역기 만들기 · · · · · · · · · · · · · · · · · · 115
- 프로젝트 자동차 번호판 인식 AI 프로그램 · · · · · · · · · 116
- •실전 문제• · 121

2. 안면 인식 기술과 감정 분석
- (1) 안면 인식이란? · 125
- (2) 사진의 얼굴 인식 코딩하기 · · · · · · · · · · · · · · · · · · 126
- (3) 비디오 화면의 얼굴 인식 코딩하기 · · · · · · · · · · · · · 127
- (4) 감정 분석 기술 · 128
- (5) 얼굴 감지와 감정 분석을 활용한 코딩하기 · · · · · · · · 129
- 프로젝트 감정 인식을 이용한 음식 추천 시스템 · · · · · · 130
- •실전 문제• · 137

3. 티처블 머신
- (1) 티처블 머신이란? · 140
- (2) 티처블 머신 비디오 학습하기 · · · · · · · · · · · · · · · · 142
- 프로젝트 AI 스마트 하우스 프로그램 · · · · · · · · · · · · · 147
- •실전 문제• · 151

CONTENTS

4. 회귀 분석
- (1) 회귀 분석이란? · 152
- (2) 미래의 기온 예측하기 · 153
- (3) 연도에 따른 연평균 기온 예측하기 · · · · · · · · · · · · · · 158
- **프로젝트** 지구의 이산화탄소 예측 AI 프로그램 · · · · · · · · · 159
- **•실전 문제•** · 164

제5장 정보 활용 AI 코딩

1. 실시간 공공데이터
- (1) 실시간 공공데이터 · 168
- (2) 공공데이터 포털에서 제공하는 실시간 데이터 · · · · · · 169

2. 실시간 공공데이터를 활용한 AI 코딩
- (1) API란? · 170
- (2) JSON이란? · 171
- (3) 코디니에서 외부 API 활용하기 · · · · · · · · · · · · · · · · 172
- (4) 외부 API를 활용한 코딩하기 · · · · · · · · · · · · · · · · · 173
- **•실전 문제•** · 184

AICE FUTURE 도전하기
- ✏️ AICE Future 1급 대비 모의 평가 1차 · · · · · · · · · · · 187
- ✏️ AICE Future 1급 대비 모의 평가 2차 · · · · · · · · · · · 197
- ✏️ AICE Future 1급 대비 모의 평가 3차 · · · · · · · · · · · 207

정답 및 해설
- 💡 실전 문제 정답 및 해설 · 217
- 💡 모의 평가 정답 및 해설 · 237

제1장 인공지능 이론

01 인공지능의 개념과 특성
02 인공지능의 학습
03 기계학습과 딥러닝
04 인공지능과 문제해결
05 인공지능의 사회적 영향

인공지능의 개념과 특성

우리는 일상생활 속에서 다양한 방식으로 인공지능을 사용하고 있습니다. 인공지능이 무엇인지 살펴보고, 인공지능을 구현하는 기술에 대해 알아봅니다.

1 인공지능이란?

인공지능(AI, Artificial Intelligence)이란 인공(Artificial)과 지능(Intelligence)의 합성어로, 사람이 생각하고 판단하는 지적 능력을 컴퓨터를 이용해 구현한 기술입니다. 사람의 지능을 컴퓨터에서 인위적으로 구현해 문제를 해결할 수 있도록 하는 기술로, 이미 사회의 다양한 영역에서 널리 활용되고 있습니다.

우리 주변에서도 인공지능(AI)은 쉽게 찾아볼 수 있습니다. 예를 들어, 유튜브는 사용자가 본 동영상을 분석해 관심을 가질 만한 영상을 추천해 줍니다. 스마트폰의 음성 비서는 "오늘 날씨 어때?" 같은 질문에 대답하며 생활을 더욱 편리하게 만들어 줍니다. 자율주행 자동차는 AI를 이용해 도로 상황을 분석하고 장애물을 피하며 스스로 운전할 수 있습니다. 이처럼 인공지능은 우리의 일상을 편리하고 효율적으로 만들어 주며, 앞으로 더 많은 분야에서 그 역할이 커질 것입니다.

2 인공지능의 특성

인공지능의 주요 특성에는 인식, 학습, 예측, 판단, 문제 해결 등이 있습니다. 각각의 특성을 구체적으로 알아봅니다.

◆ 상황 인식

인공지능은 센서, 데이터 입력 등을 통해 주변 환경의 정보를 수집하고 인식합니다. 예를 들어, 자율주행 자동차는 카메라와 센서가 주변 차량, 보행자, 도로의 차선, 교통 신호 등을 인식하여 안전하게 운행할 수 있도록 합니다.

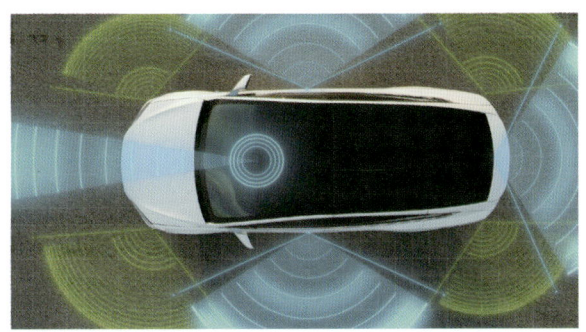

〈인공지능 시스템이 적용된 자율주행 자동차〉

◆ 학습 능력

인공지능은 수많은 데이터를 기반으로 학습합니다. 이를 통해 다양한 패턴과 규칙을 파악하고 지식을 습득합니다. 다양하고 많은 데이터를 학습할수록 인공지능의 정확도는 높아집니다.

◆ 예측 능력

인공지능의 예측은 마치 사람이 과거의 경험을 토대로 미래를 예상하는 것과 비슷합니다. 인공지능은 데이터를 분석하고 학습하여 얻은 지식을 활용하여 새로운 상황이나 제시된 문제에 대한 결과를 예측합니다.

◆ 판단 능력

주어진 상황에서 사람의 개입 없이도 스스로 행동을 결정하고 실행할 수 있는 능력입니다. 인공지능은 주어진 목표나 조건에 따라 최선의 결정을 합니다. 이는 인공지능이 상황을 분석하고, 최종 결정을 내리는 과정입니다.

◆ 문제 해결 능력

인공지능은 데이터 속에서 패턴을 발견하고, 학습한 알고리즘을 활용하여 최적의 해결책을 찾아냅니다. 이러한 능력을 통해 인공지능은 산업, 의료, 교육 등 다양한 분야에서 사회적 가치를 창출하고 있습니다.

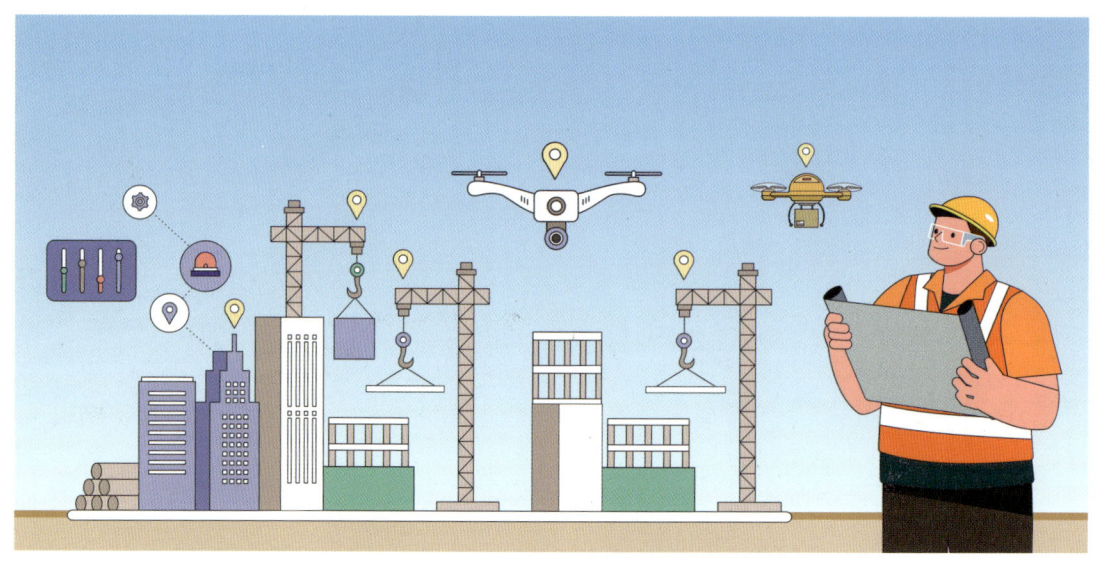

3 인공지능이 적용된 소프트웨어

오늘날 우리가 사용하는 소프트웨어는 크게 두 가지로 구분됩니다. 하나는 특정 작업을 수행하기 위해 고정된 명령과 규칙에 따라 작동하는 일반 소프트웨어이고, 다른 하나는 데이터를 학습하여 스스로 판단하고 변화에 적응하는 능력을 가진 인공지능 소프트웨어입니다.

인공지능 소프트웨어와 일반 소프트웨어의 주요 차이는 자율성과 학습 능력에 있습니다. 일반 소프트웨어는 프로그래머가 지정한 일련의 규칙과 명령을 고정된 방식으로 수행하며, 사전에 정의된 입력에 대해 예측 가능한 결과만 제공합니다. 반면, 인공지능 소프트웨어는 데이터를 통해 패턴을 학습하고 스스로 개선할 수 있어, 시간이 지남에 따라 성능이 향상되거나 새로운 상황에 적응할 수 있습니다.

일반 소프트웨어가 적용된 에어컨과 인공지능 소프트웨어가 적용된 에어컨을 비교해 보겠습니다.
일반 소프트웨어가 적용된 에어컨은 사용자가 설정한 온도에 따라 냉방 기능을 제어하며, 실내 온도를 일정하게 유지하는 기능을 반복합니다. 예를 들어, 설정 온도보다 높아지면 냉방이 작동하고, 설정 온도보다 낮아지면 냉방이 중단됩니다.
반면, 인공지능 소프트웨어가 적용된 스마트 에어컨은 실내 및 외부 온도, 습도, 사용자의 습관 등을 분석하여 최적의 에너지 효율을 위해 자동으로 작동 시간과 온도를 조절합니다. 즉, 인공지능을 탑재한 에어컨은 단순히 사용자의 명령에만 반응하는 것이 아니라, 주변 환경과 사용자의 성향을 인식해 상황에 맞게 스스로 동작하는 능력을 갖추고 있습니다.

02 인공지능의 학습

우리가 경험이나 책, 영상을 통해 배우듯, 인공지능도 데이터를 통해 학습합니다. 여기서 '데이터'란 현실 세계에서 측정하고 수집한 사실이나 값으로, 어떤 규칙을 찾는 데 기초가 되는 자료를 의미합니다. 학습에 사용되는 데이터는 영상, 음성, 텍스트, 이미지 등 다양한 형태일 수 있으며, 인공지능에 따라 하나의 데이터 유형만 사용하거나 여러 형태의 데이터를 동시에 활용하기도 합니다.

1 인공지능은 어떻게 학습할까?

사람은 경험을 통해 지식을 습득하고 학습하며 성장합니다. 이러한 지식은 우리가 새로운 상황에 대처하고 문제를 해결하는 데 중요한 기반이 됩니다. 사람이 상황을 판단하고 문제를 해결하기 위해 경험과 지식이 필요하듯, 인공지능에게는 데이터가 필요합니다. 인공지능은 데이터를 학습하여 이를 바탕으로 판단하고 반응할 수 있습니다.

사람이 많은 경험과 지식을 쌓을수록 더 나은 결정을 내릴 수 있듯, 인공지능도 더 많은 데이터를 학습할수록 성능이 향상됩니다. 따라서 데이터는 인공지능 기술의 핵심 요소이며, 올바른 데이터를 수집하고 효과적으로 활용하는 것이 매우 중요합니다.

인간의 학습 과정 - 인간은 경험으로 학습하고 예측한다.

인공지능의 학습 과정 - 인공지능은 데이터로 학습하고 예측한다.

2 데이터의 중요성

인공지능은 문제를 해결하기 위해 주어진 데이터를 학습하고, 이를 통해 점점 더 문제 해결 능력을 향상시킵니다. 그런데, 만약 인공지능이 학습한 데이터가 부적절하거나 부족하다면 어떤 일이 일어날까요? 잘못된 데이터는 부정확한 정보를 만들어 내거나, 오류가 발생하는 결과를 초래할 수 있습니다.

이처럼 데이터는 인공지능의 성능과 품질에 결정적인 영향을 미치며, 학습에 사용되는 데이터가 신뢰할 수 있고 올바른 정보로 구성되어야 합니다.

◆ 충분한 양의 데이터

뛰어난 성능의 인공지능 모델을 개발하려면 충분한 양의 데이터가 필요합니다. 데이터가 많을수록 모델은 다양한 패턴과 관계를 학습할 수 있어, 새로운 문제를 예측하고 해결하는 능력이 향상됩니다. 따라서 학습에 사용되는 데이터의 양은 매우 중요하며, 풍부한 데이터를 활용할수록 인공지능 모델이 더 다양한 상황에 효과적으로 대응할 수 있습니다.

예를 들어, 강아지를 구별하는 인공지능 모델을 만든다고 가정해 봅니다. 강아지의 종류는 매우 다양하고, 각 종류마다 고유한 특징이 있기 때문에 다양한 강아지 이미지가 필요합니다. 이 모델이 제대로 학습하려면 충분한 양의 강아지 이미지를 제공해야 합니다. 데이터가 부족한 상태에서 학습한 모델은 새로운 이미지가 주어졌을 때 강아지 여부를 정확히 판단하기 어려울 뿐만 아니라, 오판할 가능성도 높아집니다.

◆ 품질이 좋은 데이터

데이터의 품질은 인공지능 학습에서 매우 중요한 요소입니다. 품질이 낮은 데이터를 사용하면 모델의 정확도가 떨어질 수 있습니다. 따라서 데이터를 수집할 때는 문제를 효과적으로 해결할 수 있는 목적에 맞는 데이터를 사용하는 것이 중요합니다.

예를 들어, 고객의 구매 패턴을 분석하는 모델을 개발한다고 가정해 봅니다. 이 경우 인공지능을 훈련시키기 위해 보통 고객의 과거 구매 기록과 선호도 데이터를 활용합니다. 그러나 고객의 구매 행동이나 선호도는 시간이 지나면서 변할 수 있으므로, 모델의 성능을 높이기 위해 최신 데이터를 사용하여 학습시키는 것이 더욱 효과적입니다.

3 데이터의 유형

인공지능을 만들기 위해서는 먼저 학습에 사용할 데이터를 수집해야 합니다. 데이터는 그 구조와 형태에 따라 정형 데이터와 비정형 데이터로 구분할 수 있습니다.

◆ 정형 데이터

정형 데이터는 일정한 구조와 형식을 가진 데이터로, 주로 행과 열로 구성된 표 형태(예: 스프레드시트, 데이터베이스 테이블)로 저장됩니다. 대표적인 예로는 학교의 시간표나 성적표를 들 수 있습니다. 이러한 데이터는 미리 정의된 규칙(schema)에 따라 정리되기 때문에 모든 정보가 일정한 구조를 유지하며, 데이터를 효율적으로 관리할 수 있습니다.

정형 데이터는 규칙적인 구조 덕분에 검색, 추가, 삭제, 수정과 같은 작업이 간단하고 빠르게 이루어질 수 있습니다.

예를 들어, 아래 표에서 학생 2의 수학 점수는 92점으로 기록되어 있습니다. 이 점수를 검색하거나 수정할 수 있을 뿐만 아니라, 필요에 따라 삭제하거나 새로운 학생과 점수를 추가하는 작업도 간단하게 처리할 수 있습니다.

〈정형 데이터의 예시〉

◆ 비정형 데이터

비정형 데이터는 일정한 규칙이나 구조 없이 자유로운 형태로 구성된 데이터를 말합니다. 정형 데이터처럼 행과 열로 정리된 형태가 아니라, 이미지, 오디오, 동영상과 같은 다양한 형식으로 존재합니다. 예를 들어, 소셜 미디어에 사용자들이 올린 글, 사진, 동영상은 비정형 데이터의 대표적인 사례입니다.

이러한 데이터는 각각의 구조가 다르며, 사진과 동영상도 다양한 형식으로 저장됩니다. 이처럼 비정형 데이터는 고정된 구조가 없어 컴퓨터가 이해하고 처리하기 어려운 특성을 가지고 있습니다.

현대 사회에서 생성되는 데이터의 대부분은 비정형 데이터가 차지하고 있습니다. 이를 효율적으로 분석하고 활용하는 능력은 점점 더 중요해지고 있으며, 인공지능 기술의 발전과 함께 비정형 데이터의 활용 범위는 계속 확장될 것입니다.

〈비정형 데이터의 예시〉

◆ 정형 데이터와 비정형 데이터의 비교

구분	정형 데이터	비정형 데이터
구조	행과 열로 구성된 구조적인 형태	구조가 없거나 자유로운 형태
형태	숫자, 문자 등	텍스트, 이미지, 동영상, 오디오 등
예시	성적표, 시간표, 판매 데이터	소셜 미디어 사진, 동영상, 이메일
처리 난이도	값의 의미 파악이 쉽고, 관리가 비교적 쉬움	값의 의미를 쉽게 파악하기 어렵고, 관리가 비교적 어려움

4 데이터 전처리

최초에 수집된 데이터는 데이터를 활용하기에 적절하지 않은 요소가 포함되어 있는 경우가 많습니다. 만약 이 데이터를 그대로 사용하면 잘못된 분석 결과가 나오거나 분석의 신뢰도가 떨어집니다. 따라서 수집된 데이터를 인공지능 모델에 활용하기 적합한 데이터로 가공하여야 하는데, 이 과정을 '데이터 전처리'라고 합니다. 이 작업은 주로 데이터를 수집하거나 저장하는 과정에서 발생하는 불완전하거나 오류가 있는 부분을 수정하고 데이터를 표준화하며, 불필요한 정보를 제거하여 데이터의 질을 향상시키는 데 중점을 두고 있는데, 데이터를 분석하기 전에 필수적으로 수행해야 하는 중요한 단계입니다.

〈데이터의 처리와 기계학습〉

예시

학생들의 성적 분석을 위해 테이블을 정리하던 중, 학생 2의 수학 점수가 누락되어 있는 사실을 발견했습니다. 만일 이 상태로 데이터를 분석한다면, 수학 점수 총점과 평균이 상대적으로 낮게 나와 결괏값을 신뢰하기 어려울 것입니다. 따라서 전체 수학 점수와 학생 2의 다른 과목 점수 등을 고려하여 적절한 점수로 보완하거나 아예 학생 2의 점수 전체를 삭제하고 분석하여야 하는데, 이렇게 데이터를 가공하는 절차를 전처리 과정이라고 합니다.

학생 이름	국어 점수	수학 점수	과학 점수	영어 점수
학생 1	90	85	88	92
학생 2	78	-	80	85
학생 3	95	89	93	88
학생 4	88	76	85	90

03 기계학습과 딥러닝

사람이 책을 읽거나 경험을 통해 다양한 방식으로 학습하듯, 인공지능도 데이터를 통해 학습합니다. 이를 가능하게 하는 대표적인 기술로 기계학습(Machine Learning)과 딥러닝(Deep Learning)이 있습니다.

초기의 기계학습은 고양이의 눈 크기, 털 길이, 코 생김새 등 아주 구체적인 정보를 주고 '이것이 고양이다'라고 학습시켰습니다. 그러나 딥러닝 기술이 도입되면서 다양한 고양이 사진을 주고 컴퓨터가 스스로 학습을 할 수 있도록 만들었습니다. 이렇게 컴퓨터가 스스로 학습을 할 수 있게 되면서 인공지능 기술이 크게 발전하고 있습니다.

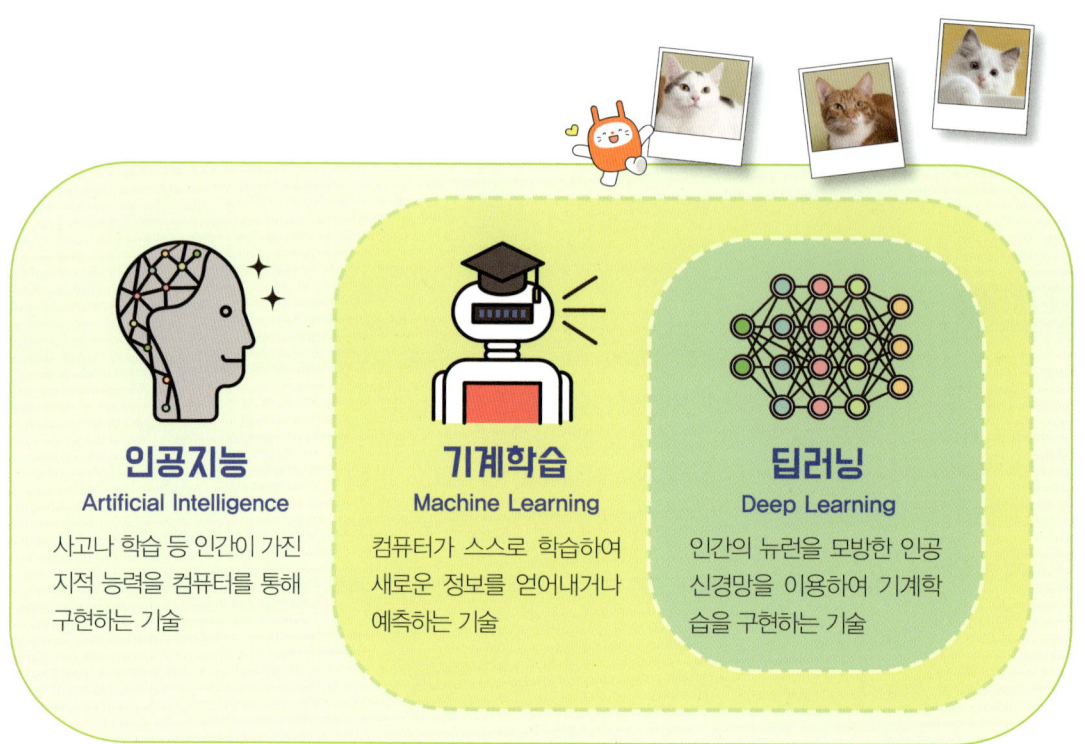

〈인공지능, 기계학습, 딥러닝의 관계〉

1 기계학습(머신러닝)이란?

기계학습(Machine Learning)은 컴퓨터가 다양한 데이터를 분석하고, 그 데이터를 바탕으로 스스로 학습하여 예측하거나 결정을 내릴 수 있게 하는 기술입니다. 우리가 컴퓨터에 하나하나 명령을 입력하는 대신, 많은 데이터를 제공하면 컴퓨터가 패턴과 규칙을 스스로 배우는 것입니다.

◆ 기계학습의 필요성

오늘날 우리는 정형 데이터(예: 엑셀 파일의 표 형식 데이터)뿐 아니라 비정형 데이터(예: 사진, 동영상, 음성 파일)도 다룹니다. 이런 데이터를 사람이 모두 분석하기는 어렵기 때문에, 기계학습 기술을 사용해 컴퓨터가 데이터를 처리하고 유용한 정보를 찾아내도록 돕습니다.

◆ 기계학습의 작동 방식

기계학습은 데이터를 통해 학습하는 과정을 통해 동작합니다.

- **데이터 수집**: 정형 데이터나 비정형 데이터를 모아 학습에 사용할 데이터를 준비합니다.
  예 학생들의 시험 점수(정형 데이터) 또는 학생들의 얼굴 사진(비정형 데이터).

- **데이터 전처리**: 학습하기 전에 데이터를 깨끗하게 정리합니다.
  예 결측값(누락된 점수)을 채우거나, 사진에서 불필요한 배경을 제거.

- **모델 학습**: 데이터를 입력받아 학습 알고리즘이 패턴을 학습합니다.
  예 시험 점수와 공부 시간을 학습해, 공부 시간이 많을수록 점수가 높아지는 규칙을 발견.

- **예측**: 학습한 내용을 바탕으로 새로운 데이터를 예측하거나 분류합니다.
  예 새로운 학생의 공부 시간을 입력하면 예상 점수를 알려줌.

2 딥러닝이란?

인간이 뇌로 학습을 하듯이 인공지능도 인간의 뇌와 같은 구조로 학습을 시키면 높은 수준의 인공지능 기술이 가능할 것으로 생각하였습니다. 그래서 인간의 뇌가 작동하는 원리를 모방하여 인공지능의 학습 모델을 만들었는데, 그것이 바로 '딥러닝(Deep Learning)'입니다.

인간의 뇌는 뉴런이라 불리는 신경 세포 약 1,000억 개가 연결되어 있는 구조입니다. 이런 연결 구조를 통해 신경세포는 서로 신호를 주고받고 다양한 정보를 받아들이며 저장하고 생각하며 판단합니다. 딥러닝에서는 인간의 뇌에 있는 뉴런처럼 '퍼셉트론'이라는 인공 신경 세포가 서로 정보를 주고받으면서 정보를 처리하는데, 이를 '인공 신경망'이라고 합니다.

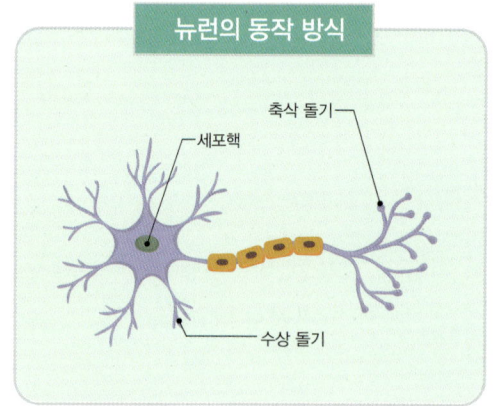

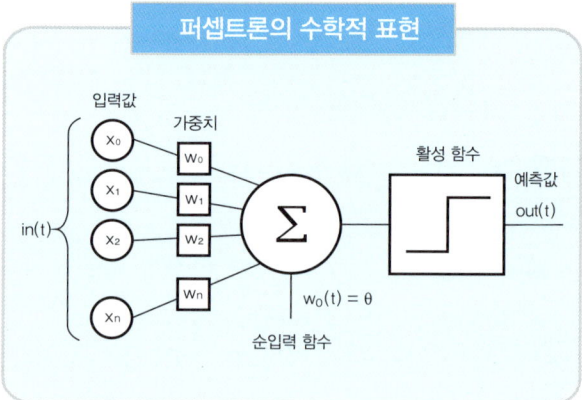

Tip
퍼셉트론이란?
퍼셉트론은 1957년에 프랑크 로젠블라트에 의해 개발된 인공 신경망 알고리즘입니다. 이 알고리즘은 다수의 입력을 받아들여 하나의 결과를 출력합니다. 초기 퍼셉트론은 단순한 구조로 인해 복잡한 문제를 해결하는 데 제약이 있었습니다. 이러한 한계를 극복하기 위해 여러 개의 퍼셉트론을 여러 층으로 구성하면서 딥러닝 기술이 발전하였습니다.

◆ **딥러닝의 작동 방식**

인공 신경망(Artificial Neural Network)은 입력층, 은닉층, 출력층으로 구성되어 있습니다. 각 층은 퍼셉트론(Perceptron)이라는 인공 신경 세포로 이루어져 있으며, 입력층은 데이터를 받고, 출력층은 결과를 알려 줍니다. 입력층과 출력층 사이에 있는 층을 은닉층이라고 하는데 일반적으로 은닉층을 여러 개 쌓아 신경망을 깊게 구성할수록, 더 복잡한 문제를 해결할 수 있습니다. 왜냐하면 깊은 신경망은 데이터의 특징을 더 잘 추출할 수 있기 때문입니다. 여기서 층의 개수가 많아질수록 깊어졌다(Deep)고 부르며 충분히 깊어진 인공 신경망을 '딥러닝(Deep Learning)'이라고 합니다.

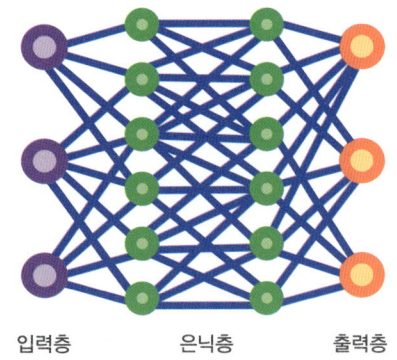

입력층   은닉층   출력층

예시 시험 점수를 잘 받기 위한 조건을 딥러닝으로 알아내기

시험 점수를 잘 받기 위해서는 복습하기, 문제 풀이, 그리고 충분한 수면 등 여러 가지 조건이 필요합니다. 이들 조건에 따라 시험 점수를 예측하는 모델을 만들어 보겠습니다. 여기서 어떤 요소가 가장 큰 영향을 미칠까요? 먼저 각각의 요소들이 시험 점수에 얼마나 영향을 미치는지 그 영향력의 정도를 숫자로 표현한 것을 '가중치'라고 하는데, 가중치의 반복적인 조정을 통해 정확한 모델을 만들 수 있습니다.

예를 들어, 복습한 시간이 많을수록 시험 점수가 높다면 그 가중치를 다른 요소들보다 더 높게 설정하고 모델을 학습시켜 예측한 결과와 실제 시험 결과를 비교합니다. 비교 결과 차이가 있다면 그 차이를 줄이기 위해 가중치를 조금씩 조정하면서 다시 모델을 학습시킵니다. 그런 과정을 반복하면서 더욱 정확한 예측을 할 수 있는 모델을 만들 수 있습니다. 즉, 가중치를 조정하면서 데이터를 학습시키고 최적의 예측을 할 수 있는 모델을 만들어 가는 것입니다.

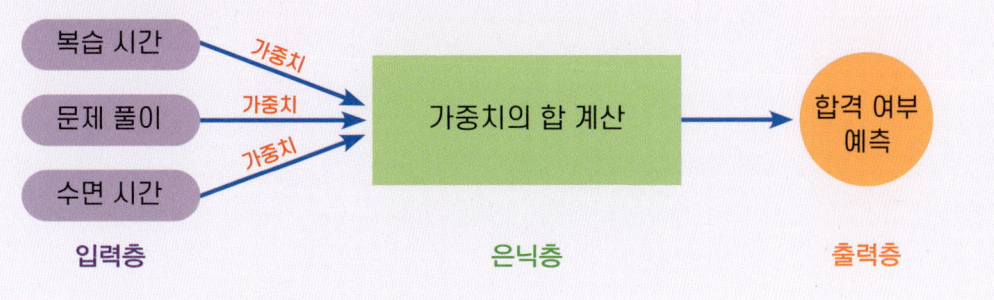

3 딥러닝의 발전과 활용 분야

1957년에 퍼셉트론 개념이 처음 등장하였음에도 불구하고 초기의 딥러닝 기술은 우수한 성능을 보여 주지 못했습니다. 그러다가 여러 층으로 퍼셉트론을 쌓아 인공 신경망을 구성하게 되면서 점점 발전하였습니다. 특히 2010년 이후 많은 데이터와 높아진 컴퓨터 성능, 그리고 개선된 알고리즘과 더불어 더욱 활발한 연구와 개발이 이루어지면서 딥러닝 기술은 큰 발전을 이루게 되었습니다.

딥러닝은 대량의 데이터를 사용하여 모델을 학습시키는데, 이를 통해 딥러닝 모델은 예측, 분류, 생성 등 다양한 작업을 수행할 수 있습니다. 딥러닝 성능 향상으로 단순한 정형 데이터의 처리를 넘어 이미지 인식과 자연어 처리 분야에도 활용되고 있으며 컴퓨터 비전, 음성 인식, ChatGPT와 같은 생성형 인공지능까지 눈부신 발전을 하고 있습니다.

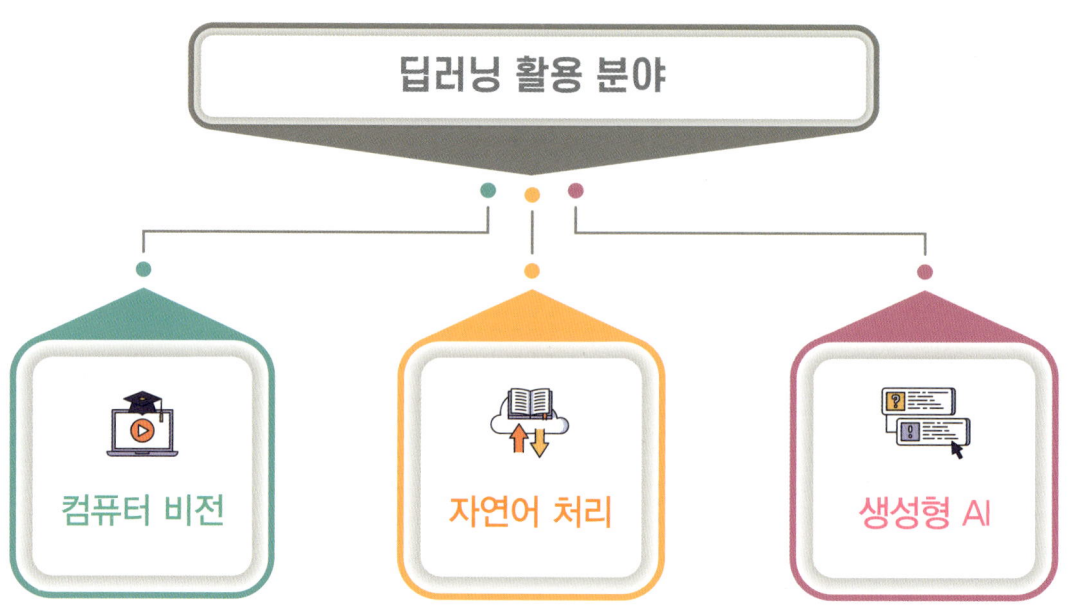

최근 급속도로 발전 중인 컴퓨터 비전, 자연어 처리, 생성형 인공지능 등 다양한 분야에서의 딥러닝 응용 사례를 살펴보며 딥러닝이 어떻게 활용되는지 자세히 알아보겠습니다.

Tip

이미지 인식

딥러닝의 발전으로 이미지 분야에서의 활용 분야가 넓어지고 있습니다. 컴퓨터에게 이미지를 알려 주려면 어떻게 해야 할까요? 컴퓨터가 이미지를 이해하고 처리하기 위해 이미지를 숫자로 표현하는 과정을 알아봅니다.

◆ **컴퓨터가 이미지를 저장하는 방법**

컴퓨터는 모든 데이터를 0과 1로 구성된 숫자로 저장합니다. 그래서 우리가 컴퓨터에게 그림을 알려주려면 이미지를 숫자로 표현해야 합니다. 이미지를 구성하는 작은 정사각형 하나를 '픽셀'이라고 합니다.

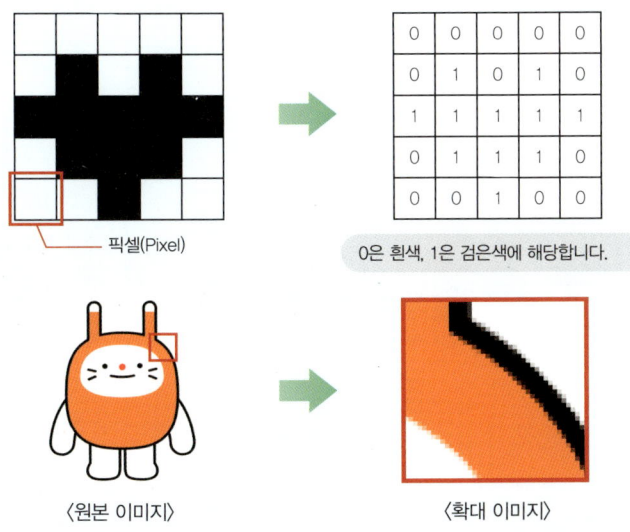

이미지를 크게 확대해 보면 작은 사각형들로 이루어진 모습을 볼 수 있습니다.

◆ **흑백 사진 저장 방법**

0과 1로만 표현을 하면 이미지의 명암을 표현할 수가 없습니다. 따라서 흑백 사진은 밝기 정보를 0부터 255까지 숫자 범위로 표현합니다. 0이 가장 어두운 검은색, 255가 가장 밝은 색인 흰색으로 숫자가 커질수록 밝아집니다.

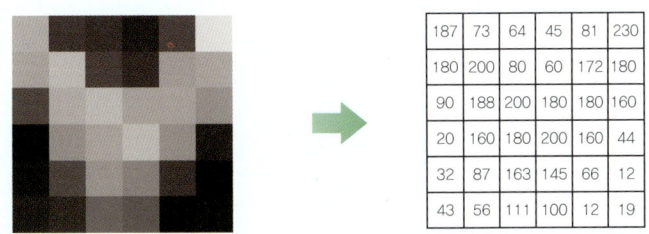

그림에서 어둡게 나타난 부분은 픽셀 값이 작게 나타나고, 밝게 표현되는 부분은 숫자가 크게 나타납니다.

이렇게 비정형 데이터인 이미지를 컴퓨터에 저장할 수 있고, 저장된 데이터를 활용하여 인공지능 모델에 사용할 수 있습니다.

◆ 컴퓨터 비전 분야

컴퓨터 비전은 컴퓨터가 이미지나 비디오에서 정보를 추출하고 해석하는 기술을 말합니다. 이는 인간의 시각 체계를 모방하여 기계가 시각적인 정보를 처리하고 이해하는 분야입니다. 컴퓨터 비전은 다양한 분야에서 활용되며, 여러 가지 이미지나 비디오에서 유용한 정보를 뽑아내어 다양한 작업을 수행할 수 있습니다.

컴퓨터 비전은 얼굴 인식이나 자율 주행 자동차 등 이미지 인식을 통하여 인간의 시각을 대신하는 다양한 영역에서 활용할 수 있습니다.

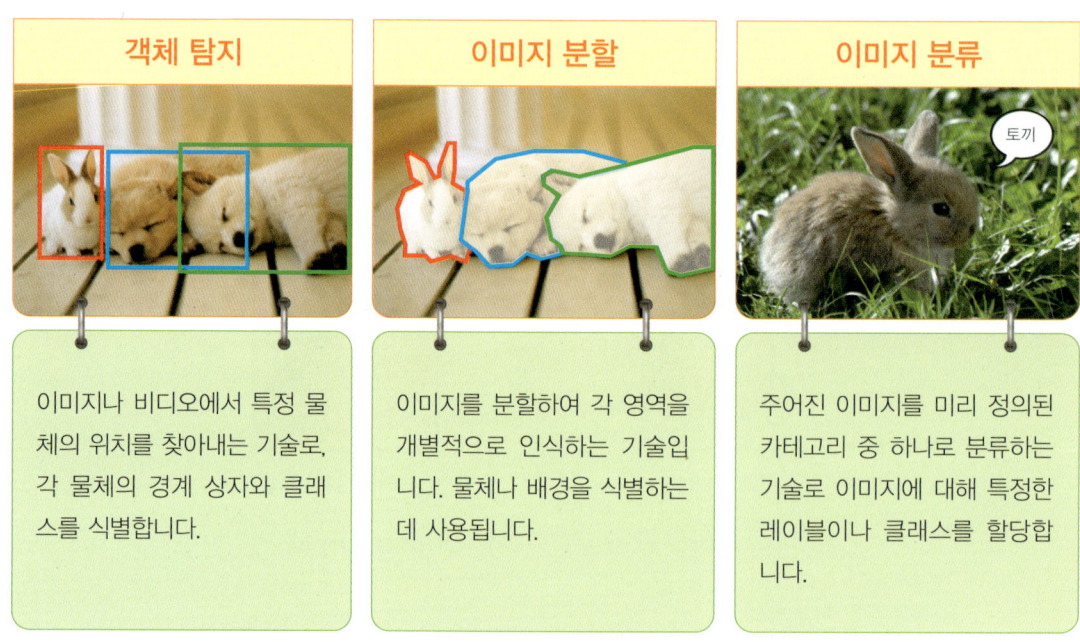

〈컴퓨터 비전의 주요 영역〉

컴퓨터 비전 활용 사례

의료 분야

의료 영상에서 컴퓨터 비전은 종양, 이상 발견, 영상 진단 등에 사용됩니다. AI가 환자의 영상을 분석하여 질병을 조기에 발견하고 의사가 정확한 진단을 하도록 도와줍니다.

자율 주행 자동차

컴퓨터 비전 기술은 도로 상황을 인식하고 주행 경로를 계획하는 데 사용됩니다. 차량은 주변 환경을 인식하여 신호, 차선, 표지판 등을 감지하고 운전에 필요한 정보를 처리합니다.

얼굴 인식

컴퓨터 비전은 얼굴 특징을 분석하여 얼굴을 식별하는 데 사용됩니다. 이는 보안 시스템, 사진 앱, 동영상 통화 등 다양한 분야에서 활용됩니다.

지능형 CCTV

지능형 CCTV는 컴퓨터 비전 기술을 활용하여 자동으로 인식하고 분석, 탐지함으로써 더욱 효과적으로 모니터링하고 상황을 분석하는 첨단 보안 시스템입니다.

◆ 자연어 처리 분야

컴퓨터가 사람의 언어를 이해하려면 자연어 처리(Natural Language Processing, NLP) 기술이 필요합니다. 자연어란 한국어, 영어 등과 같이 사람들이 평소에 사용하는 언어를 말합니다. 자연어 처리는 이러한 자연어의 의미를 컴퓨터가 이해할 수 있도록 처리하는 기술입니다.

딥러닝의 발전은 자연어 처리 분야에 큰 변화를 가져왔습니다. 딥러닝은 대량의 텍스트 데이터를 활용하여 모델을 훈련시키고, 이를 통해 문장의 구조나 단어의 의미 등을 자동으로 학습합니다.

특히 구글의 자연어 처리 딥러닝 모델인 트랜스포머(Transformer) 모델은 자연어 처리 분야에서 혁신적인 발전을 이끌었습니다. 트랜스포머 모델은 2017년 발표된 논문 "Attention is All You Need"에서 소개되었는데, 주로 자연어 처리 작업에 활용되며 기계 번역, 텍스트 생성, 문장 분류 등 다양한 작업에 사용됩니다.

우리가 잘 알고 있는 ChatGPT 또한 트랜스포머를 사용한 대표적인 모델입니다.

자연어 처리 활용 사례

 기계 번역 — 언어 간의 텍스트를 자동으로 해석하여 번역하는 기술입니다. 구글 번역, 파파고 같은 서비스가 대표적입니다.

 챗봇 — 인공지능 기반의 챗봇은 사용자와 대화하며 질문에 응답하거나 도움을 제공하는 데 사용됩니다. 고객 서비스, 상담 등 다양한 분야에서 활용됩니다.

 감정 분석 — 텍스트에서 사용자의 감정이나 의견을 분석하는 데 사용됩니다. 소셜미디어 리뷰, 제품 평가 등을 분석합니다.

 텍스트 요약 — 긴 문장이나 글을 간결하게 요약하는 데 사용됩니다. 중요한 정보를 추출하여 효율적인 요약을 생성합니다.

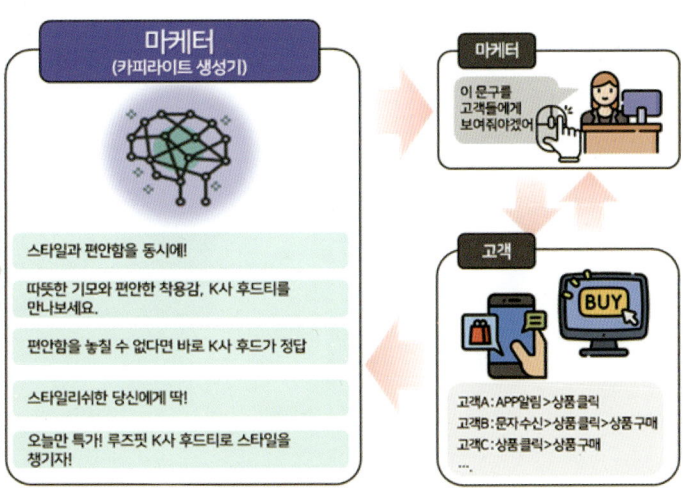

〈광고 캠페인의 고객 맞춤 마케팅 문구 생성 기술 (KT 제공)〉

◆ 생성형 인공지능 분야

생성형 인공지능(Generative AI)은 인공지능의 한 분야로, 데이터를 기반으로 새로운 콘텐츠를 생성하거나 모방하는 시스템을 말합니다. 이러한 인공지능은 주로 딥러닝의 한 분야인 생성 모델을 기반으로 합니다.

생성형 AI의 발전은 디자인, 엔터테인먼트, 마케팅 등 다양한 분야에 혁신을 가져오고 있습니다. 예를 들어, 음악 산업에서는 AI가 새로운 곡을 작곡하거나 음악 프로듀싱에 활용되고, 영상 산업에서는 AI가 영화나 애니메이션의 스토리를 생성하거나 캐릭터를 디자인하는 데 활용될 수 있으며 AI가 미술 작품을 창작하기도 합니다.

이러한 생성형 AI의 발전은 우리의 삶을 더욱 풍요롭게 해 줄 것으로 기대됩니다. 그러나 동시에 데이터 윤리, 저작권 등의 문제에 대한 심각한 고민과 논의가 함께 이루어져야 할 중요한 과제로도 부각되고 있습니다.

〈생성형 AI인 구글 딥 드림 제네레이터로 그린 그림〉

생성형 AI 활용 사례

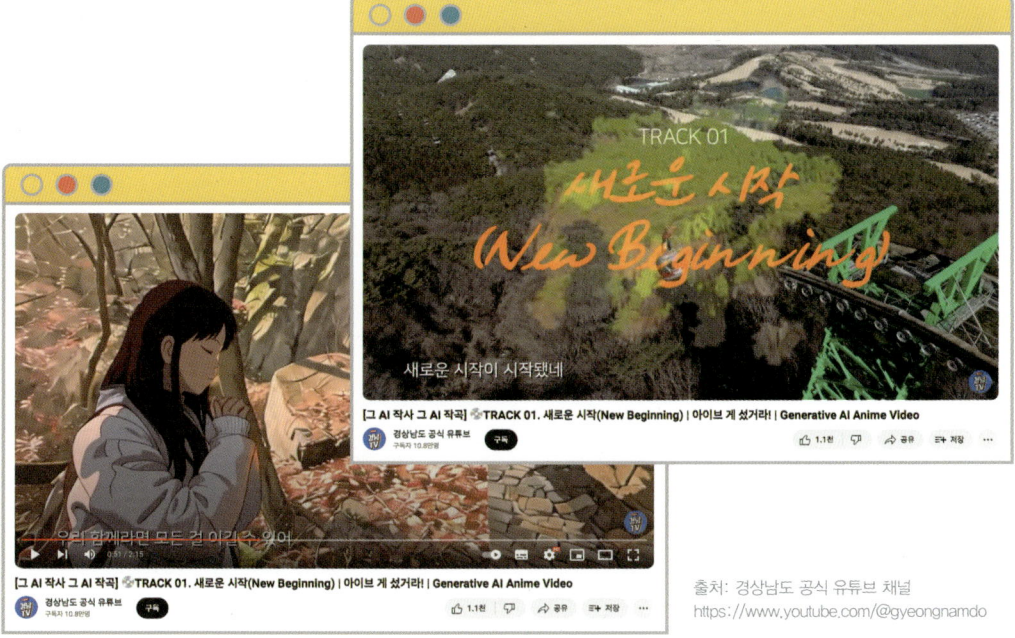

출처: 경상남도 공식 유튜브 채널
https://www.youtube.com/@gyeongnamdo

경상남도 공식 유튜브 채널에서는 생성형 인공지능을 활용하여 제작된 애니메이션 뮤직 비디오가 공개된 지 3일 만에 조회수 10만 회를 돌파하여 큰 인기를 끌었습니다. 이 뮤직 비디오는 생성형 AI가 작사와 작곡을 하고 영상까지 창작을 하였는데, K팝 걸그룹 스타일의 노래와 지브리 스타일의 아름다운 애니메이션으로 구성되어 있습니다.

– 생성형 AI가 작사한 가사 중 일부 –

새로운 시작이 시작되네 / 우리 함께하는 이 순간이야
바람처럼 자유롭게 펼쳐진 / 꿈을 향한 길을 걷는 거야

우리의 꿈은 저 끝까지 / 끝없이 펼쳐진 새로운 세상
멈추지 않고 함께 걷는 거야 / 새로운 시작을 함께하자

여기 이 순간이 우리의 무대 / 꿈을 향한 열정이 넘쳐 흐르는 곳
한 발짝 더 나아가는 거야 / 우리 함께라면 모든 걸 이길 수 있어

03 기계학습과 딥러닝 _ 37

04 인공지능과 문제 해결

1 인공지능으로 해결할 수 있는 문제

인공지능이 도입되기 전의 전통적인 컴퓨터 프로그램은 주로 규칙적이고 단순한 반복 작업을 처리하는 데에 중점을 두었습니다. 예를 들어, 은행 업무처럼 입금이나 출금, 송금 등 예측 가능하고 규칙적인 작업을 처리하는 데에 유용했습니다. 그러나 이러한 프로그램은 판단을 하여야 하는 고차원적이고 복잡한 문제를 해결하는 데는 한계가 있었습니다.

여기에 인공지능이 나타나면서 상황은 달라졌습니다. 인공지능은 사람이 입력한 지식과 다양한 데이터를 기반으로 스스로 학습하며 문제에 대한 패턴과 규칙을 분석합니다. 특히, 방대한 양의 데이터와 발전된 하드웨어 성능, 인공지능 기술의 진보로 인해 기계학습 분야가 크게 발전했습니다. 이를 통해 문서의 자동 분류, 의료 분야에서의 질병 진단, 자율주행 차량 등과 같이 고차원적이고 복잡한 문제를 효과적으로 해결할 수 있는 기술이 탄생하였으며, 생성형 AI는 인간의 질문에 대답을 해 주고 인간이 원하는 대로 그림을 그리거나 글을 쓰고 음악을 작곡하기도 합니다.

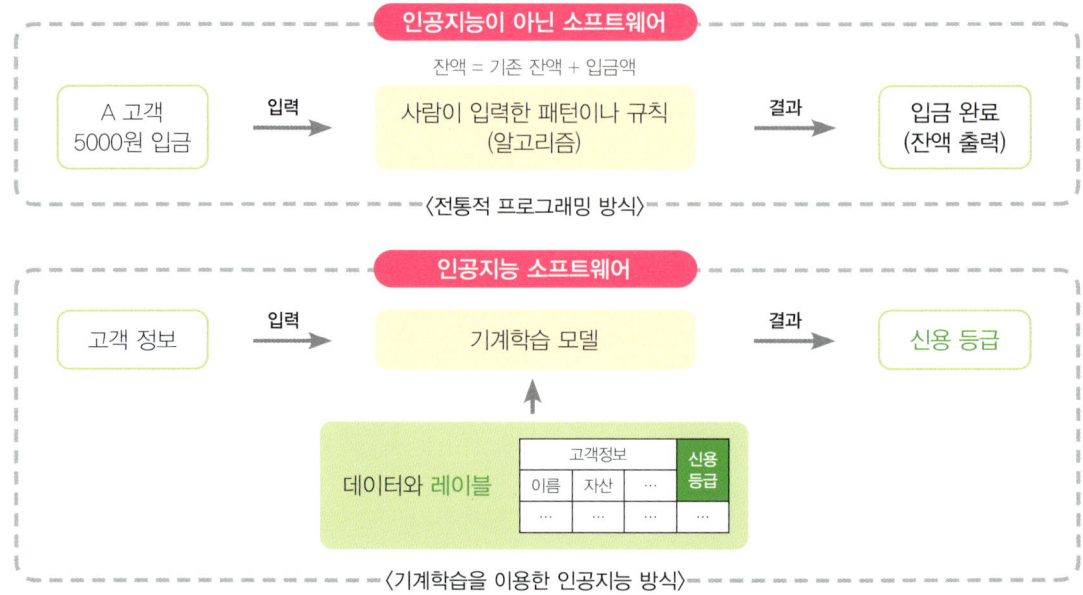

2 문제 해결 과정

인공지능을 사용하여 문제를 해결하는 과정은 **문제 정의 – 데이터 수집 – 데이터 탐색 – AI 모델 학습 – AI 활용**의 다섯 가지 단계로 이루어집니다. 이를 날씨에 따른 아이스크림 판매 수량을 예측하는 사례를 바탕으로 살펴보겠습니다.

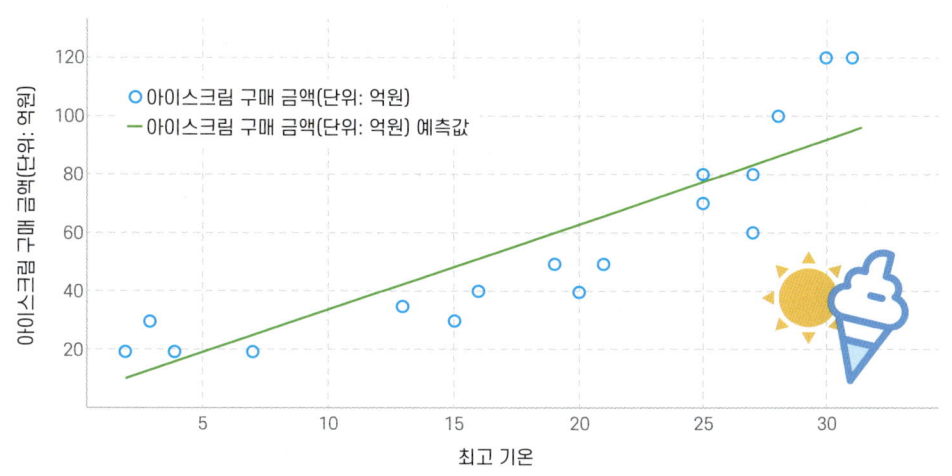

05 인공지능의 사회적 영향

다양한 분야에서 활용되는 인공지능은 우리 사회에 많은 영향을 미칠 것으로 예상됩니다. 인공지능의 발전은 사람들의 생활을 이전보다 편리하게 만들어 주지만, 동시에 부정적인 사례도 늘어나고 있습니다. 우리는 인공지능과 함께 미래를 살아가기 위해 장점을 최대한 활용하고 단점은 줄이려고 노력해야 할 것입니다.

1 인공지능 기술의 양면성

[인공지능의 순기능]

의료
인공지능이 의료 데이터를 빠르게 분석하여 질병을 진단하는 데 도움을 줄 수 있습니다.

안전
영상 자료를 인공지능 기술을 활용하여 모니터링하고, 범죄 위험을 탐지하여 경고할 수 있습니다.

일자리 창출
인공지능 기술로 인해 새로운 산업과 직업이 등장하여 일자리가 창출될 수 있습니다.

[인공지능의 역기능]

오작동
예상하지 못했던 오류로 인해 문제가 발생할 수 있고, 사고 시 책임 소재가 명확하지 않습니다.

개인정보
개인정보 유출에 따른 사생활 침해 가능성이 있고, 개인의 자유를 통제할 수 있습니다.

일자리 감소
인공지능을 반복적이고 단순한 작업을 처리하는 데 사용하면, 기존 일자리가 감소할 수 있습니다.

② 인간과 인공지능의 협업

인공지능이 인간처럼 생각하고 판단할 수 있다고 해도 인간과 똑같을 수는 없으며, 인간과 인공지능은 각자의 특징과 장단점이 있습니다. 인간은 창의력, 직관, 적응력, 공감 능력 등에서 우수합니다. 반면에, 인공지능은 패턴 인식, 데이터를 통한 학습, 분석에 의한 추론, 논리적인 문제 해결에 강점이 있습니다. 따라서 인간과 인공지능이 서로의 강점과 약점을 보완하면서 효율적으로 작업을 수행하여야 합니다.

예를 들어, 제조업에서 사용되는 로봇은 인간을 대체하는 것이 아니라 인간을 도와 안전하고 효율적으로 작업을 수행하도록 합니다. 인간은 데이터로 인공지능을 훈련시키고 결과를 관리하며 만들어진 결과를 이해하고 설명하는 역할을 합니다. 우리는 인공지능 기술을 이해하고 인간에게 도움이 되는 인공지능을 만들기 위해 노력하여야 하며, 그럼으로써 인간은 인공지능과 협업하여 새로운 가치를 창출해 낼 수 있습니다.

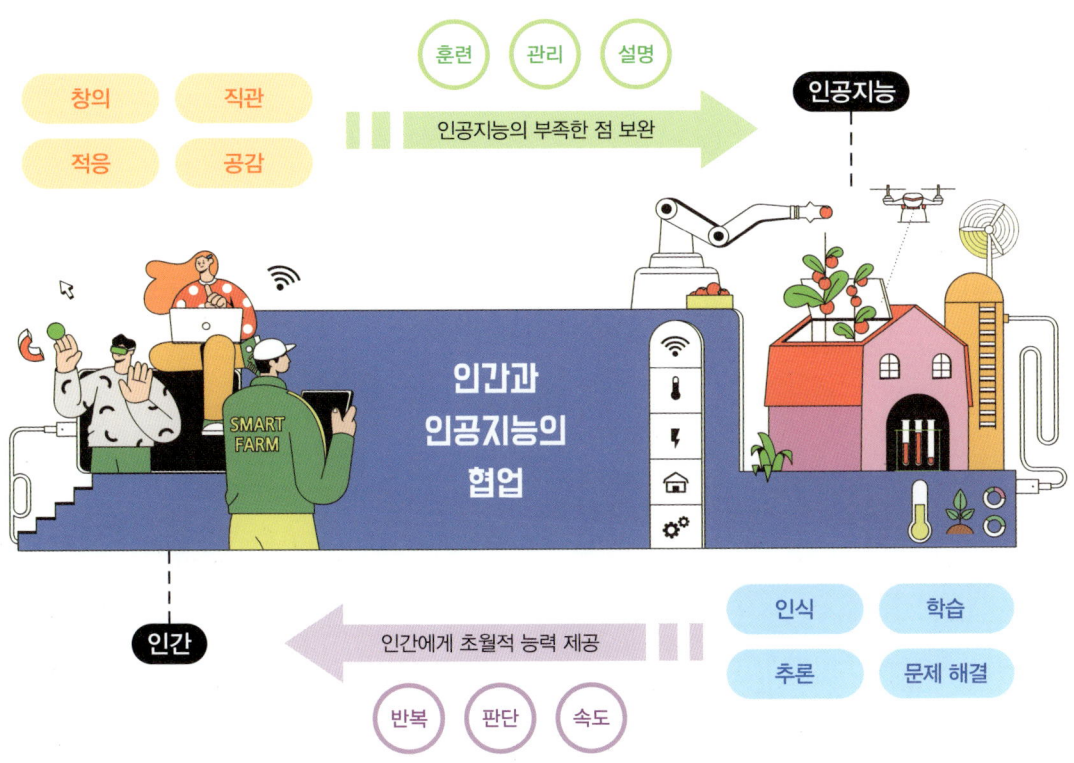

3 데이터 편향성

인공지능의 사회적 영향 중에서도 문제가 되는 것 중의 하나가 데이터의 편향성으로 인한 인공지능 모델의 왜곡 현상입니다. 데이터 편향성은 기계학습 모델을 훈련시킬 때 사용되는 데이터에 인간이나 사회 문화의 편견과 오류가 들어가 왜곡된 것을 말합니다. 이 경우 왜곡된 데이터를 바탕으로 모델링이 되었기 때문에 잘못된 판단을 내리게 됩니다.

다시 말해, 모델이 수집된 데이터에 담긴 편견을 학습하여 그 편견을 기반으로 예측을 수행하는 것입니다. 사례를 통하여 데이터 편향성에 대해 알아봅니다.

사례① 인공지능 채용 시스템에서의 편향성

미국 A 회사의 인공지능 채용 시스템은 지원자의 이력서를 분류하여 인재를 선별하는 기술을 사용했습니다. 그러나 이 시스템은 남성 지원자들의 이력서만을 계속해서 추천함으로써 여성 지원자들을 차별하는 문제를 보여 주었습니다.

특히 소프트웨어 개발 업무에 대한 평가에서 남녀를 더욱 차별하는 것으로 나타났습니다. 이는 해당 시스템이 IT 산업에서 남성의 비중이 높은 현실을 반영하여 학습하였기 때문입니다. 따라서 이 시스템이 남성 중심의 데이터를 기반으로 학습하여 남성을 우선적으로 채용하도록 이력서를 분류하는 결과를 초래한 것입니다.

사례② 얼굴 인식 시스템에서의 편향성

2018년 MIT 미디어 랩의 연구 결과에 따르면, 인공지능 얼굴 인식 프로그램에서 백인이 흑인보다, 남성이 여성보다 더 높은 얼굴 인식률을 보이는 현상이 발견되었습니다. 이러한 차별은 사용된 사진 데이터가 편향되어 있기 때문에 나타난 것으로 분석되었습니다.

뉴욕타임스에 따르면, 얼굴 인식에 널리 사용된 데이터에서는 남성이 70% 이상, 백인이 80% 이상 활용된 것으로 추산되었습니다. 이는 과거에 축적된 데이터가 이미 편향되어 있었기 때문에 인공지능 알고리즘이 편향된 결과를 도출한 것으로 볼 수 있습니다.

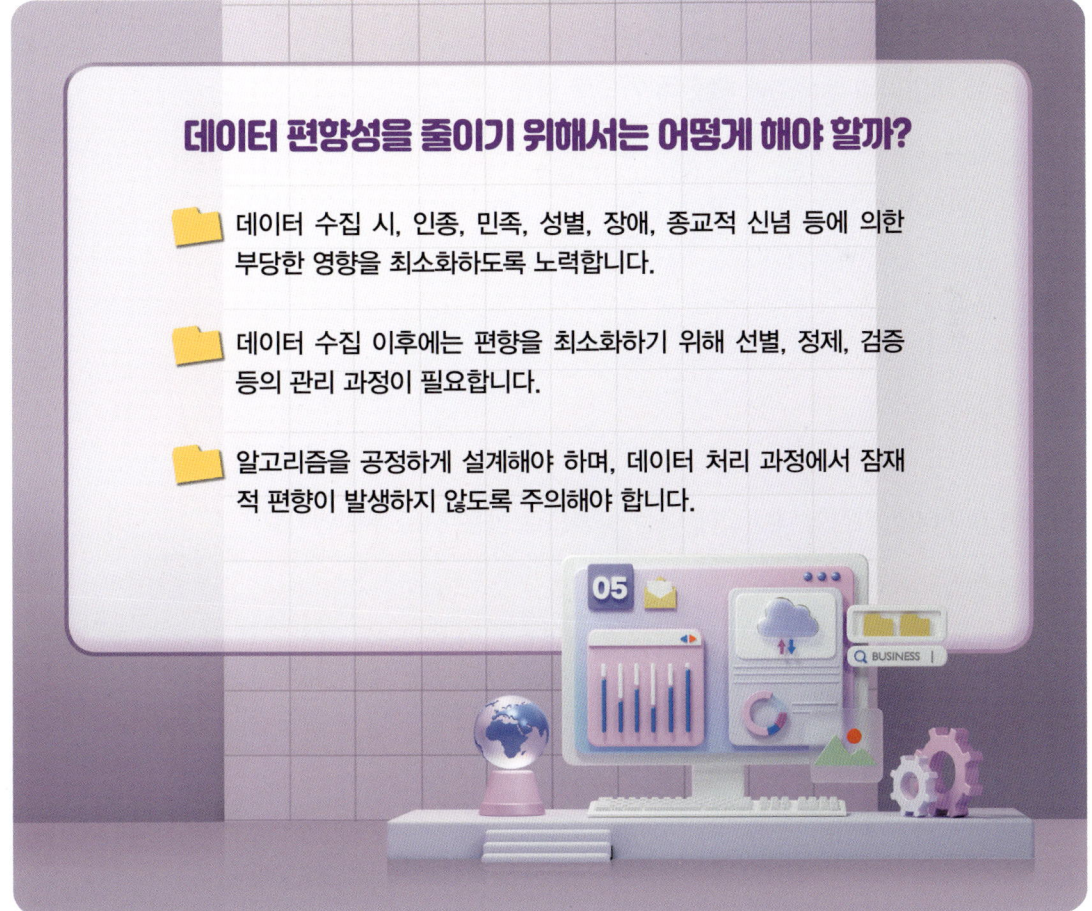

데이터 편향성을 줄이기 위해서는 어떻게 해야 할까?

- 📁 데이터 수집 시, 인종, 민족, 성별, 장애, 종교적 신념 등에 의한 부당한 영향을 최소화하도록 노력합니다.
- 📁 데이터 수집 이후에는 편향을 최소화하기 위해 선별, 정제, 검증 등의 관리 과정이 필요합니다.
- 📁 알고리즘을 공정하게 설계해야 하며, 데이터 처리 과정에서 잠재적 편향이 발생하지 않도록 주의해야 합니다.

실전 문제

1 다음 중 인공지능 특징에 대한 설명으로 적절하지 않은 것은 무엇인가요? (   )

① 인공지능은 주변 환경이나 상황을 인식하고 이해할 수 있습니다.
② 인공지능은 학습 능력을 통해 다양한 데이터를 기반으로 패턴과 규칙을 파악하여 학습합니다.
③ 인공지능은 항상 과거의 데이터에 의존하므로 예측을 신뢰할 수 없습니다.
④ 인공지능은 자율적으로 행동하며 문제를 해결할 수 있습니다.

2 다음 중 데이터의 중요성에 관한 설명으로 옳은 것은 무엇인가요? (   )

① 데이터의 양이 적을수록 모델의 성능이 향상됩니다.
② 데이터의 품질이 낮아도 모델의 정확도는 영향을 받지 않습니다.
③ 충분한 양의 데이터가 있을수록 모델의 예측 능력이 향상됩니다.
④ 최신의 데이터보다는 과거의 데이터를 사용하는 것이 효과적입니다.

3 정형 데이터와 비정형 데이터에 대한 설명으로 옳은 것은 무엇인가요? (   )

① 정형 데이터는 주로 이미지, 오디오, 동영상 등의 형태입니다.
② 정형 데이터는 정보가 일정한 구조를 가지고 있어 데이터를 쉽게 다룰 수 있습니다.
③ 비정형 데이터는 주로 표 형태로 정리된 데이터입니다.
④ 비정형 데이터는 값의 의미를 쉽게 파악할 수 있으며 관리가 비교적 쉽습니다.

4 다음 중 데이터 전처리의 목적에 대한 설명으로 옳은 것은 무엇인가요? (　　　)

① 데이터 전처리는 데이터의 특성을 완전히 변경하여 원하는 결과를 얻을 수 있도록 합니다.
② 데이터 전처리는 데이터의 크기를 증가시켜 모델의 성능을 향상시킵니다.
③ 데이터 전처리는 데이터를 모델에 입력하기 적합한 형태로 변환하여 예측 정확도를 높입니다.
④ 데이터 전처리는 데이터의 크기를 줄여 모델의 학습 시간을 단축시킵니다.

5 딥러닝에 관한 설명으로 적절하지 않은 설명은 무엇인가요? (　　　)

① 딥러닝은 초기에 단순한 퍼셉트론으로 시작되었으나, 복잡한 문제를 해결하기 위해 여러 개의 퍼셉트론을 여러 층으로 구성하며 발전하였습니다.
② 딥러닝에서 인공 신경망은 입력층, 은닉층, 출력층으로 이루어져 있습니다.
③ 딥러닝은 인간의 뇌에서 작동하는 뉴런과 유사한 구조를 가지고 있습니다.
④ 은닉층의 수가 적을수록 더 복잡한 문제를 해결할 수 있습니다.

6 컴퓨터 비전의 주요 영역으로 옳지 않은 것은 무엇인가요? (　　　)

① 객체 탐지
② 이미지 분할
③ 음성 인식
④ 이미지 분류

> 실전문제

7 다음 중 자연어 처리에 대한 설명으로 적절하지 <u>않은</u> 것은 무엇인가요? (   )

① 딥러닝의 발전으로 자연어 처리 분야가 크게 발전했지만, 텍스트에서 사용자의 감정을 분석하는 것은 어렵습니다.
② 기계 번역은 자연어 처리 기술의 한 영역으로 언어 간의 텍스트를 자동으로 해석하여 번역하는 기술입니다.
③ 자연어 처리는 인간의 언어를 컴퓨터가 이해하고 처리할 수 있도록 하는 기술입니다.
④ 자연어 처리 모델 중 하나인 트랜스포머 모델은 자연어 처리 분야에서 혁신적인 발전을 이끌어 냈습니다.

8 다음 중 인공지능을 사용하여 문제를 해결하는 과정으로 옳은 것은 무엇인가요?
(   )

① 문제 정의 – 데이터 수집 – 데이터 탐색 – AI 활용 – AI 모델 학습
② 문제 정의 – 데이터 탐색 – 데이터 수집 – AI 활용 – AI 모델 학습
③ 문제 정의 – 데이터 탐색 – 데이터 수집 – AI 모델 학습 – AI 활용
④ 문제 정의 – 데이터 수집 – 데이터 탐색 – AI 모델 학습 – AI 활용

9 다음 중 인공지능의 사회적 영향에 대한 설명으로 적절하지 <u>않은</u> 것은 무엇인가요?
(   )

① 인공지능으로 영상 자료를 모니터링하여 범죄 위험을 탐지하고 예방할 수 있습니다.
② 인공지능의 예상치 못한 오류로 문제가 발생할 수 있는데, 이로 인한 모든 책임은 인공지능에게 있습니다.
③ 인공지능은 개인정보 유출로 인한 사생활 침해 가능성을 초래하고 개인의 자유를 통제할 수 있습니다.
④ 인간과 인공지능이 서로의 강점과 약점을 보완하면서 효율적으로 작업을 수행해야 합니다.

10 다음 중 데이터 편향성에 대한 설명으로 적절하지 <u>않은</u> 것은 무엇인가요? (   )

① 데이터 편향성은 기계학습 모델을 훈련시킬 때 사용되는 데이터에 인간이나 사회 문화의 편견과 오류가 들어가 왜곡된 것을 의미합니다.

② 데이터를 수집할 때는 다양한 인종, 민족, 성별, 장애, 종교적 신념 등의 정보를 고루 반영하여야 합니다.

③ 왜곡된 데이터를 바탕으로 만든 모델은 그 편견을 기반으로 예측을 수행하여 잘못된 판단을 내리게 됩니다.

④ 데이터 수집 이후의 관리 과정으로는 편향성을 줄이기 어렵습니다.

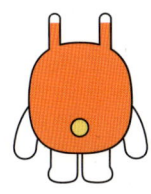

제2장

AI 학습을 위한 심화 코딩

01 함수의 이해
02 함수 코딩 블록
03 함수 응용하기
04 반복 블록 활용하기

01 함수의 이해

함수는 특정 작업을 수행하도록 만들어진 코드의 묶음입니다. 마치 로봇에게 "춤추기"라는 이름을 주고, 버튼 하나로 춤을 추게 만드는 것과 같습니다. 주로 반복되는 작업을 간단하고 효율적으로 처리하기 위해 사용됩니다.

1 반복 명령 사용하기

'운동장을 돈다'라는 일이 있을 때, 〈'운동장을 돈다', '운동장을 돈다', '운동장을 돈다', '운동장을 돈다', '운동장을 돈다'〉로 '운동장을 돈다'라는 말을 여러 번 써서 운동장을 5바퀴 도는 행동을 표현할 수 있습니다. 여기서 〈'운동장을 돈다'를 5번 한다〉로 표시하면 더욱 간단히 표현할 수 있습니다. 이렇게 같은 일을 여러 번 반복할 때에는 반복 명령 블록을 사용하면 매우 편리합니다.

2 함수 사용하기

> 엄마는 지난 주 '집 앞에서 왼쪽으로 100미터 가신 다음 오른쪽으로 돌아 다시 50미터를 직진한 후 왼쪽 모퉁이를 돌아 횡단보도를 건너 왼쪽으로 200미터 앞 오른쪽에 있는 슈퍼마켓에 가셨습니다' 슈퍼에서 장을 보고 오셨습니다.
>
> 엄마는 어제 '집 앞에서 왼쪽으로 100미터 가신 다음 오른쪽으로 돌아 다시 50미터를 직진한 후 왼쪽 모퉁이를 돌아 횡단보도를 건너 왼쪽으로 200미터 앞 오른쪽에 있는 슈퍼마켓에 가셨습니다' 슈퍼에서 고기를 사 오셨습니다.

위의 글에서 '집 앞에서 왼쪽으로 100미터 가신 다음 오른쪽으로 돌아 다시 50미터를 직진한 후 왼쪽 모퉁이를 돌아 횡단보도를 건너 왼쪽으로 200미터 앞 오른쪽에 있는 슈퍼마켓에 가셨습니다'를 '슈퍼 방문'이라고 정의한다면 위 글을 아래와 같이 간단하게 표시할 수 있습니다.

> 엄마는 지난 주 '슈퍼 방문' 슈퍼에서 장을 보고 오셨습니다.
>
> 엄마는 어제 '슈퍼 방문' 슈퍼에서 고기를 사 오셨습니다.

이처럼 반복해서 실행되는 일을 특정한 이름(함수 명)으로 정하는 것을 '함수를 정의한다'라고 합니다. 정의된 함수를 코딩에서 사용하기 위해 가져오는 것을 '함수를 호출한다'라고 합니다.

> 함수를 사용하면 자주 사용하는 코드를 간단하게 처리할 수 있어서 매우 편리하단다.

3 함수 호출하기와 돌려주기

민수는 어제 체육관에 가서 '러닝 머신 10분, 자전거 타기 20분' 운동을 하였습니다.

여기서 민수가 체육관에서 한 운동을 '유산소'로 정의한다면 함수를 호출하여 다음과 같이 표시할 수 있습니다.

민수는 어제 체육관에 가서 '유산소' 운동을 하였습니다.

'러닝 머신 10분, 자전거 타기 20분' 운동을 한 결과 '800kcal'가 소비되는 운동 효과를 볼 수 있습니다. 여기서 함수를 호출하여 결괏값을 불러온다면, 다음과 같이 표시할 수 있습니다.

민수는 어제 체육관에 가서 '800kcal' 운동을 하였습니다.

이때에는 '결과를 돌려준다'라고 하며, 함수에서는 이 결괏값을 변수에 저장하거나 코딩에 활용할 수 있습니다.

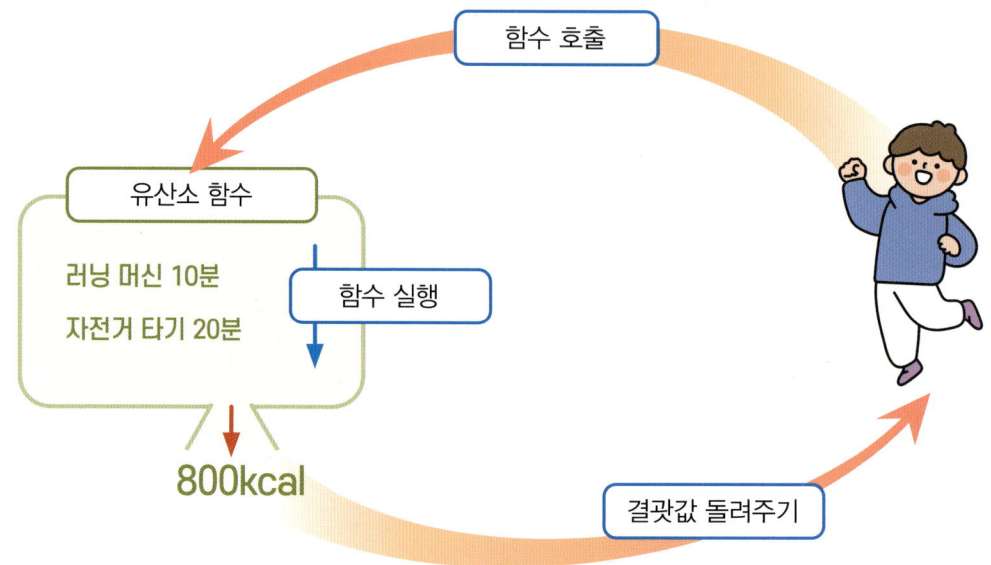

02 함수 코딩 블록

'함수'(f 함수) 코딩 블록은 특정 작업을 정의한 후, 필요할 때 호출하여 사용할 수 있는 블록입니다. 함수를 사용하면 반복되는 작업을 간단하게 정의하고, 여러 번 재사용할 수 있습니다.

① 함수 정의하기 블록

함수를 만들 때, 결과를 돌려주는 함수와 그렇지 않은 함수로 구분할 수 있습니다. 함수를 호출하면 단순히 함수의 작업만 실행할 수도 있고, 작업의 결과를 돌려받아서 사용할 수도 있습니다.

블록	설명
⚙ ? 함수 [함수 이름]	실행 후, 결괏값을 돌려주지 않는 함수를 만드는 코딩 블록입니다.
⚙ ? 함수 [함수 이름] 다음을 돌려줌	실행 후, 결괏값을 돌려주는 함수를 만드는 코딩 블록입니다.

반복되는 작업을 함수로 만들어 놓고 필요할 때마다 호출해서 사용하면 정말 좋겠다!

② 결괏값이 없는 함수 블록

결괏값이 없는 함수는 단순히 어떤 작업을 수행하고 끝나며, 결과를 돌려주지 않습니다. 이 함수를 호출하면, 프로그램은 함수 안의 코드를 실행하고 완료한 후에 다음 코드로 넘어갑니다.

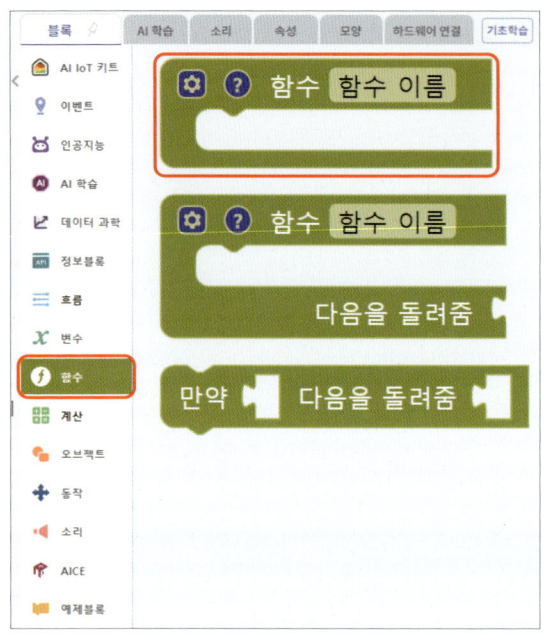

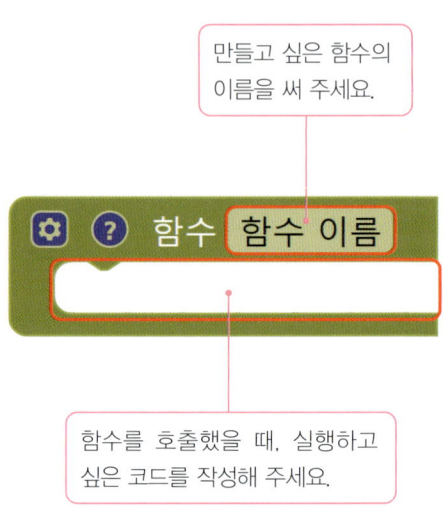

만들고 싶은 함수의 이름을 써 주세요.

함수를 호출했을 때, 실행하고 싶은 코드를 작성해 주세요.

☑ 이동 함수를 만들고, 해당 함수를 호출하여 코디니가 움직일 수 있도록 코딩해 보세요.

〈함수 정의하기〉

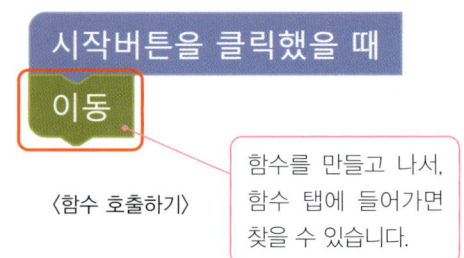

〈함수 호출하기〉

함수를 만들고 나서, 함수 탭에 들어가면 찾을 수 있습니다.

③ 결괏값이 있는 함수 블록

결괏값이 있는 함수는 작업을 실행하고 그 결과를 돌려줍니다. 이 함수를 호출하면, 작업을 실행한 후에 그 결과를 받아서 변수에 저장하거나 다른 곳에서도 사용할 수 있습니다.

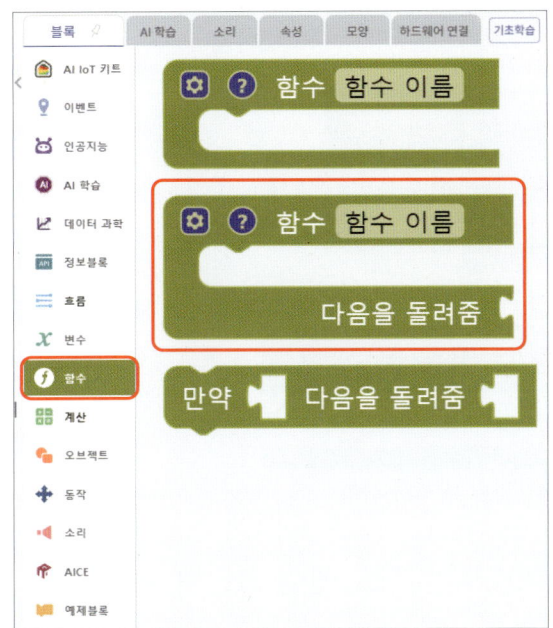

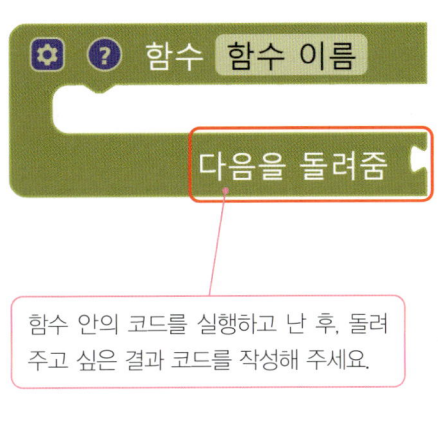

함수 안의 코드를 실행하고 난 후, 돌려주고 싶은 결과 코드를 작성해 주세요.

☑ 오늘의 날씨 함수를 만들고, 시작 버튼을 누르면 날씨를 알려주는 프로그램을 코딩해 보세요.

함수 안의 코드를 실행하고 돌려받은 값이 저장됩니다.

4 매개 변수 사용하기

함수에 매개 변수를 사용하면 더욱 다양한 작업을 수행할 수 있습니다. 매개 변수는 함수 안에서 변수처럼 사용되고 매개 변수에 따라 다른 값을 출력하도록 할 수 있습니다.

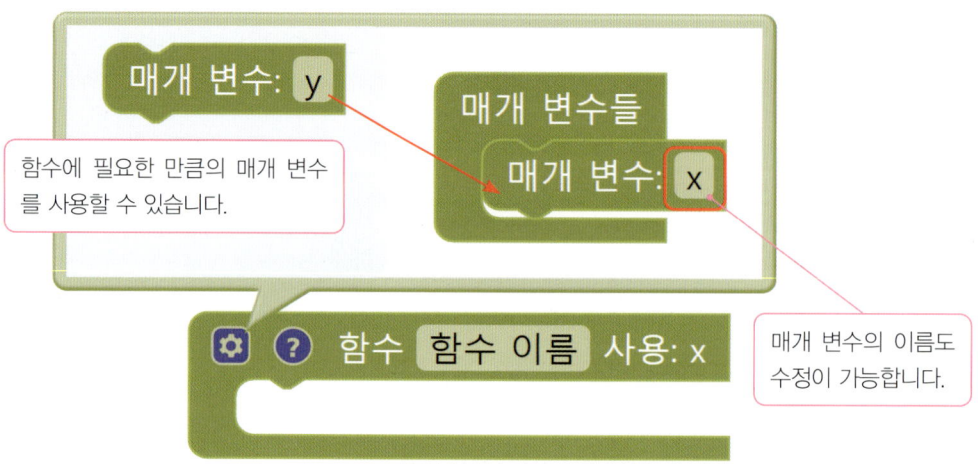

☑ 이름을 입력하면, 자기소개 문장을 읽어 주는 프로그램을 코딩해 보세요.

함수를 사용하면 좋은 점

첫째, 같은 작업을 반복해서 사용할 수 있습니다.

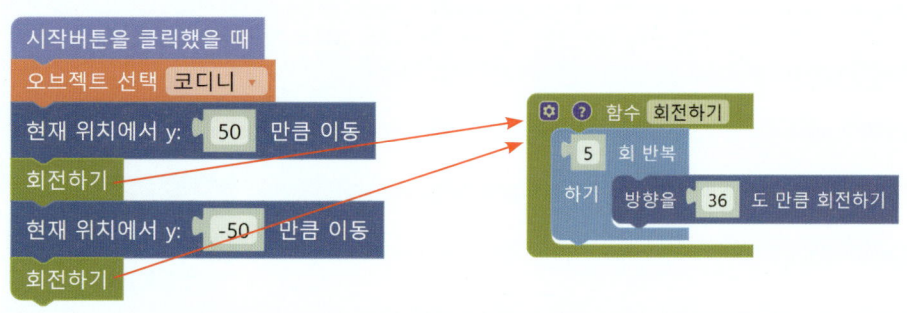

둘째, 함수에 전달되는 매개 변수 값을 변경하여 다양한 처리를 할 수 있습니다.

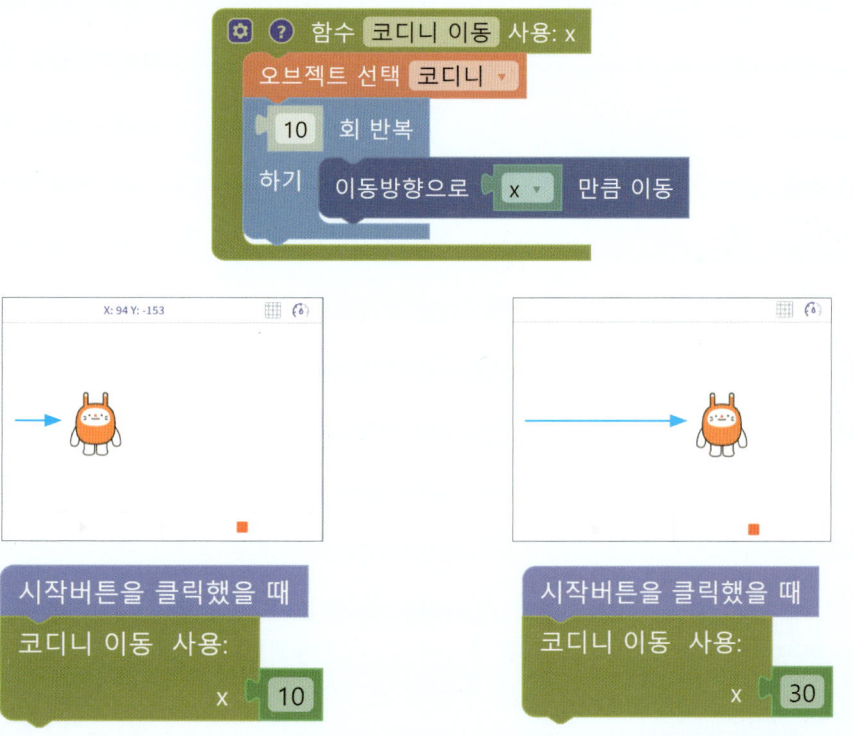

 **함수 활용하기**

코디니에서 함수를 활용하여 간단한 코딩 실습을 진행해 봅니다.

☑ **화면과 같이 코디니가 빵집을 거쳐 학교에 가는 코딩을 해 보세요.**

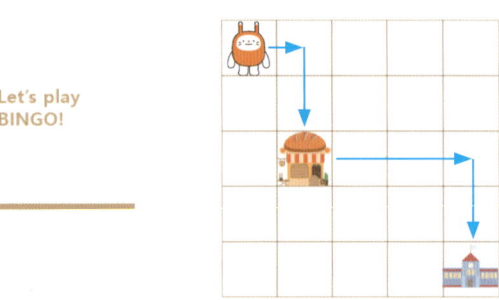

☑ **위 프로그램에 아래의 조건을 추가해 보세요.**

❶ 이동 중 걸어가는 애니메이션이 실행된다.
❷ 이동 중 뛰는 소리가 난다.
❸ 건물에 도착하면 모든 소리는 멈춘다.
❹ 건물에 도착하면 1초간 코디니가 OK 모양으로 바뀐다.

반복되는 코드도 많고 조건이 바뀌면 점점 수정할 부분을 찾기도 어렵네요.

☑  함수 에서 함수 블록을 선택한 후, 오브젝트가 이동하면서 수행할 동작을 코딩합니다.

❸ 이동 중 함수를 만들면,
❹ 이동 중 블록이 생성됩니다.

☑ 반복되는 코드들을 함수로 대체하고 두 코드를 비교해 보세요.

〈함수 사용 전〉

〈이동 중 함수 사용 후〉

함수를 사용하니 코드가 간단 명료하고 한눈에 보기 쉬워졌어요.

02 함수 코딩 블록 _ 59

☑ 함수 에서 함수 블록을 선택한 후, 함수의 이름을 정하고 오브젝트가 건물에 도착하면 수행할 동작을 코딩합니다.

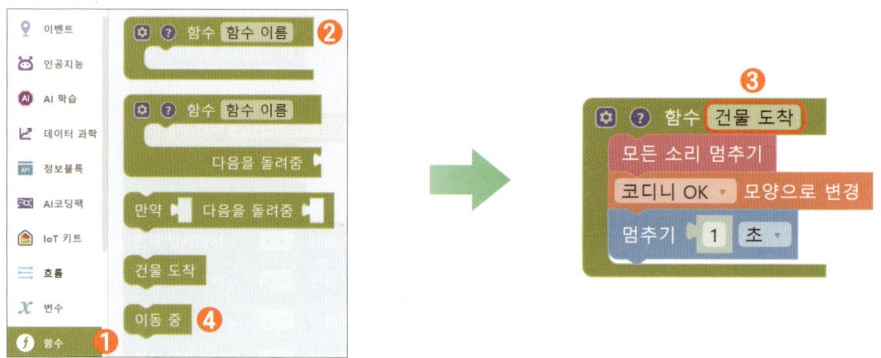

☑ 반복되는 코드들을 함수로 대체하고 두 코드를 비교해 보세요.

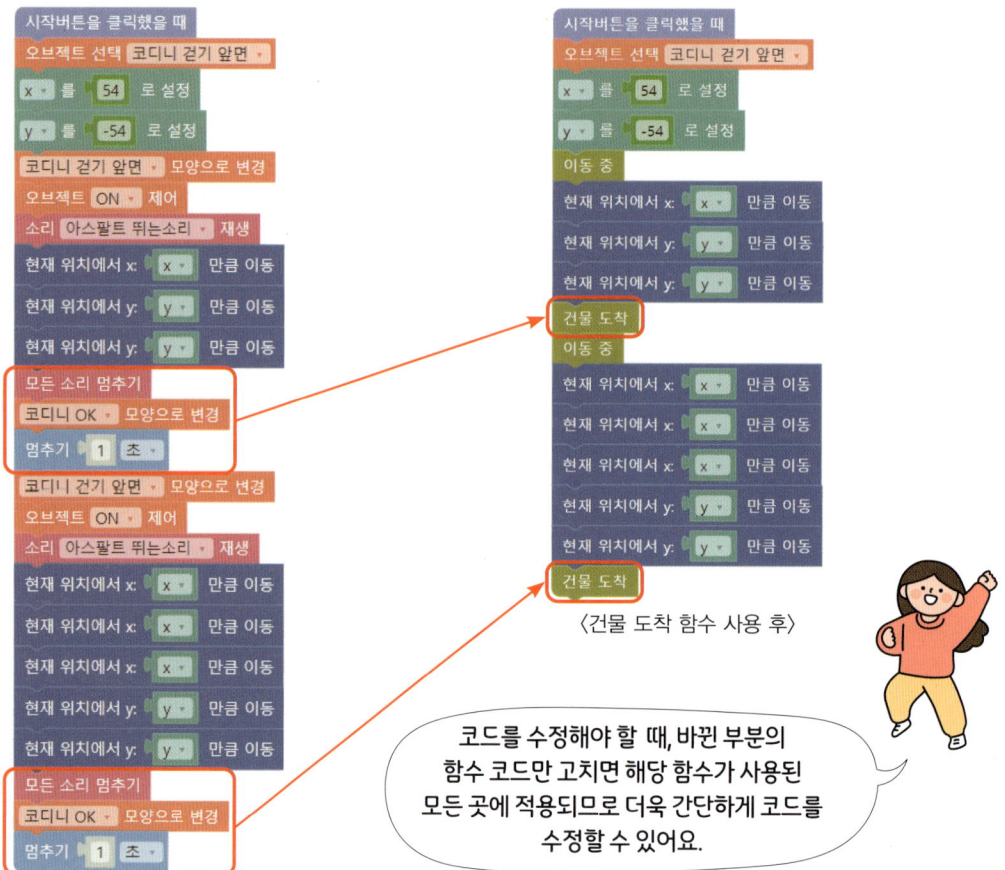

〈건물 도착 함수 사용 후〉

코드를 수정해야 할 때, 바뀐 부분의 함수 코드만 고치면 해당 함수가 사용된 모든 곳에 적용되므로 더욱 간단하게 코드를 수정할 수 있어요.

03 함수 응용하기

사칙연산을 이용해서 함수의 다양한 사용 방법을 알아봅니다.

☑ 　모양 💡　에서 사칙 연산자 오브젝트를 각각 만들고 화면에 배치합니다.

☑ 사용자로부터 두 수를 입력받는 코드를 만들어 보세요.

을(를) 숫자로 변환

입력창에 입력하는 데이터는 문자이므로 입력받은 문자를 꼭 숫자로 변환해 주어야 해요.

☑ **덧셈 오브젝트를 클릭하면 입력받은 두 수의 합을 계산하는 덧셈 함수를 만들어 보세요.**

☑ **함수의 ⚙ 아이콘을 클릭한 후, 매개 변수를 드래그하여 [매개 변수들] 안으로 넣어 줍니다.**

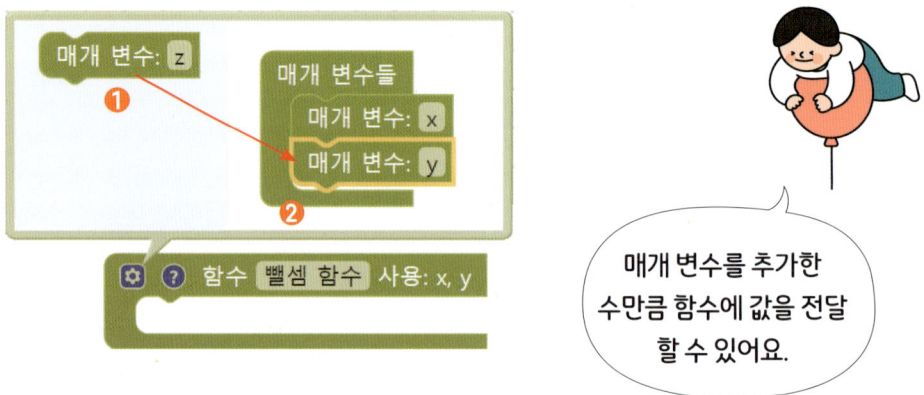

> 매개 변수를 추가한 수만큼 함수에 값을 전달할 수 있어요.

Tip
매개 변수는 함수 안에서만 사용할 수 있는 변수를 의미합니다. 매개 변수를 사용하면 함수를 사용할 때마다 다양한 값을 함수로 전달할 수 있습니다.

☑ **뺄셈 오브젝트를 클릭했을 때 입력받은 두 수를 뺄셈 함수에게 전달하여 계산하는 코드를 만들어 보세요.**

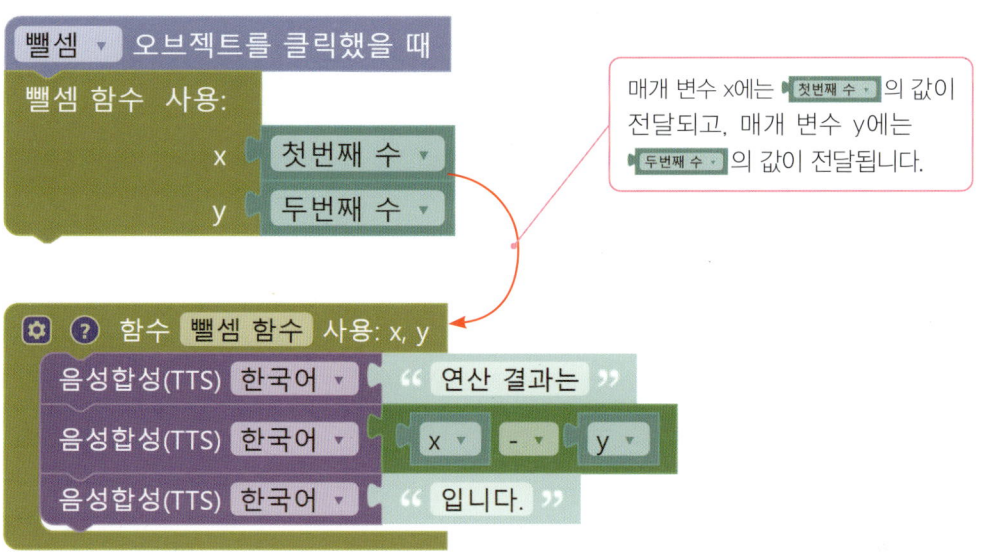

Tip

함수를 사용하는 것은 요리하는 과정과 같습니다.
주방에서
① 요리 재료를 준비하고
② 요리하는 과정을 거치고
③ 완성된 음식을 내주는 과정과 같습니다.

03 함수 응용하기 _ 63

☑ 곱셈 오브젝트를 클릭했을 때, 곱셈 함수에서 입력받은 두 수를 곱한 후 계산 결과를 되돌려 받는 코드를 만들어 보세요.

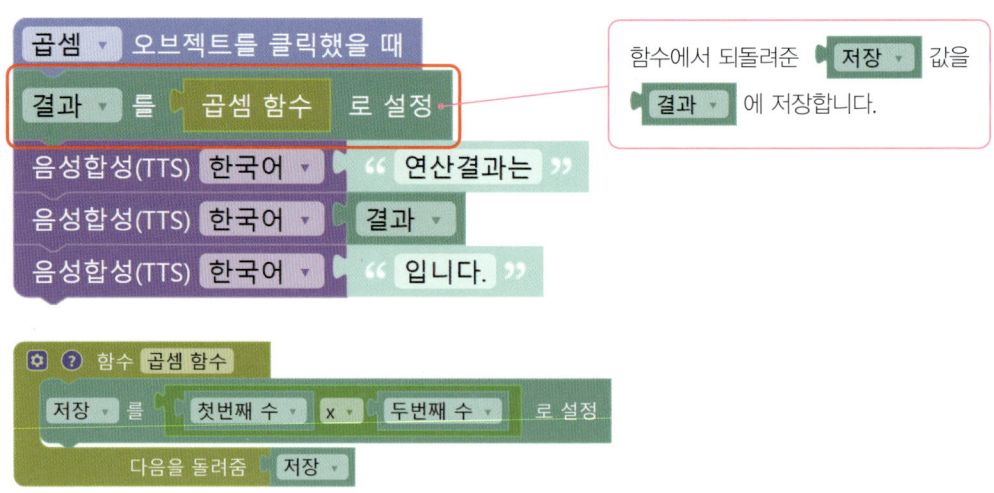

☑ 나눗셈 오브젝트를 클릭했을 때, 입력받은 두 수를 나눗셈 함수에게 전달하고 계산 결과를 되돌려 받는 코드를 만들어 보세요.

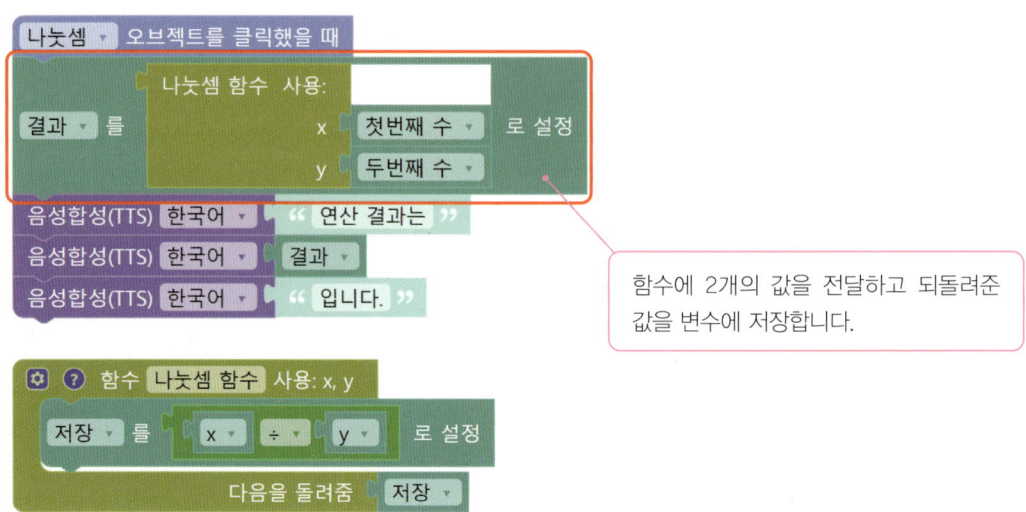

프로젝트: 입장객의 연령을 분석하는 AI 프로그램

지도학습을 이용하여 놀이동산 입장객의 연령을 분석하는 시스템을 만들어 보세요.

프로그램의 흐름

① 음성으로 "지니야"를 호출해 놀이동산에 입장할 준비를 합니다.
② 카메라로 얼굴을 찍어서 입장객의 연령을 구분합니다.

조건 함수를 사용하여 나만의 블록을 만들어 사용한다.

❶ 무엇이 필요할까요?

함수 이름	함수 함수 이름
내가 만드는 새로운 명령 블록	내가 만든 명령 블록의 실제 동작들이 모여 있는 블록

연령 구분 ▼ 모델로 비디오 분류하기	연령 구분 ▼ 모델의 비디오 분류 결과
학습시킨 모델로 비디오 분류를 시작하는 명령	비디오 분류의 결과를 가져오는 명령

03 함수 응용하기

> **프로젝트**

❷ 차단봉과 여러 연령대의 오브젝트를 추가하고, 그림과 같이 배치합니다.

❸ `AI 학습` 탭의 항목 중 `지도학습` 과 `이미지 분류 학습` 을 차례로 선택하여 AI Codiny의 이미지 분류 학습 준비를 합니다.

＊사이트에서 제공하는 학습 자료를 다운로드하여 활용하세요.

❹ +클래스추가 를 클릭하여 노인, 성인, 어린이의 이미지 데이터를 입력합니다.

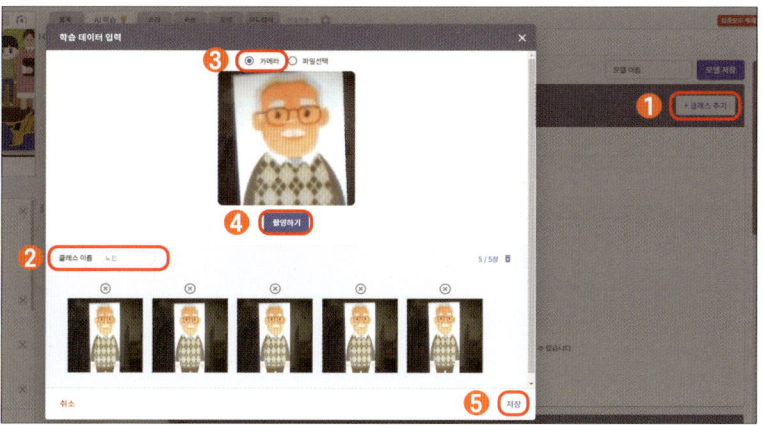

> **Tip**
>
> 영상 인식 학습에서는 카메라로 직접 촬영하거나, 다운로드한 이미지를 삽입하여 실습을 진행할 수 있습니다. 본 수험서에서는 직접 촬영 방식을 기본으로 다루지만, 학습자의 편의를 위해 이미지 삽입 방식도 지원하며 관련 이미지를 제공합니다. 학습자는 자신의 상황에 따라 카메라 촬영이나 이미지 삽입 방식을 적절히 선택해 실습을 진행하시기 바랍니다. (촬영 및 이미지 삽입 명령어 사용 방법 포함)

❺ 노인, 성인, 어린이의 모든 클래스에 이미지를 입력했다면 반드시 모델 이름을 작성하고 모델저장 을 클릭하여 저장합니다.

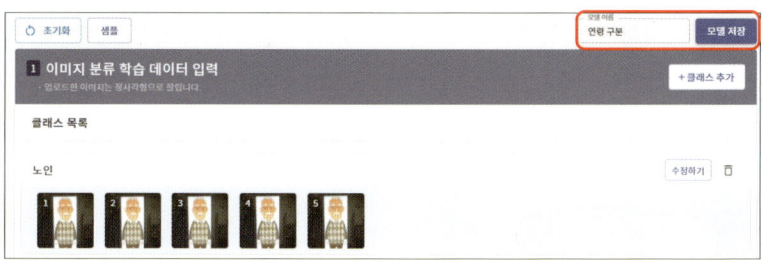

> **Tip**
>
> 학습 모델을 저장하지 않고 다른 블록, 소리, 모양 탭 등으로 이동하면 작업한 학습 모델이 지워져 처음부터 다시 입력해야 하므로 반드시 저장해야 한다는 점에 유의하세요. 저장된 모델은 나의모델 에서 찾을 수 있습니다.

03 함수 응용하기 _ 67

> **프로젝트**

6 〔함수〕를 이용하여 차단봉을 감추는 함수와 보이도록 하는 함수 블록을 각각 만듭니다.

```
함수  차단봉 감추기
  오브젝트 선택  차단봉
  오브젝트  감추기
```

```
함수  차단봉 보이기
  오브젝트 선택  차단봉
  오브젝트  보이기
```

7 놀이동산에 입장하기 위해서 연령을 확인하는 코드를 만들고, 프로그램의 전체 흐름을 파악합니다.

```
시작버튼을 클릭했을 때
음성합성(TTS)의 목소리를 [남성] 으로
속도는 [보통으로] 음높이는 [보통으로] 설정
음성합성(TTS) [한국어] " 코디니 놀이동산에 오신 것을 환영합니다. "
음성합성(TTS) [한국어] " 입장하시려면 지니를 불러주세요. "
" 지니야 " 호출어 감지시 반복 실행
  비디오 화면 [보이기]
  차단봉 보이기
  연령 분류
  음성합성(TTS) [한국어] " 입장해 주세요. "
  차단봉 감추기
```

> 차단봉 오브젝트는 보이지 않도록 감춰 두어야 합니다.

68 _ 제 2 장 AI 학습을 위한 심화 코딩

❽ 함수 를 이용하여 입장객의 수를 입력받고, 모든 입장객의 연령 분류 결과를 가져오는 새로운 명령 블록을 만듭니다.

```
함수 연령 분류
  음성합성(TTS) 한국어 " 몇 분이 입장하나요? "
  음성합성(TTS) 한국어 " 숫자로 말씀해주세요. "
  음성인식결과 를 음성 인식(STT) 한국어 로 설정
  for 1 ≤ i ≤ 음성인식결과
  do 음성합성(TTS) 한국어 " 카메라 앞에 얼굴을 보여주세요. "
     멈추기 5 초
     연령 구분 모델로 비디오 분류하기
     연령 구분 를 연령 구분 모델의 분류 결과 로 설정
     결과 연령 말하기
```

> 입장객의 수만큼 얼굴 인식을 반복합니다.

> 이미지 분류를 시작하고 그 결과를 가져옵니다.

❾ 함수 를 이용하여 모든 입장객의 연령 구분 정보를 말해주는 새로운 명령 블록을 만듭니다.

```
함수 결과 연령 말하기
  음성합성(TTS) 한국어 i
  음성합성(TTS) 한국어 " 번째 입장객은 "
  만약 연령 구분 = " 어린이 "
  하기 음성합성(TTS) 한국어 " 어린이로 판별 되었습니다. "
       음성합성(TTS) 한국어 " 어린이의 입장료는 5000원 입니다. "
  다른 경우 연령 구분 = " 성인 "
  하기 음성합성(TTS) 한국어 " 성인으로 판별 되었습니다. "
       음성합성(TTS) 한국어 " 성인의 입장료는 12000원 입니다. "
  다른 경우 연령 구분 = " 노인 "
  하기 음성합성(TTS) 한국어 " 노인으로 판별 되었습니다. "
       음성합성(TTS) 한국어 " 경로 우대 혜택으로 노인의 입장료는 8000원 입니다. "
```

실전 문제

각 문항에 주어진 블록을 활용하여 프로그램을 완성해 보세요.

- 〈문제 출제 블록〉(`-- 이 블록을 바꾸세요 --` , `?` 등)을 삭제하고, 그 자리에 아래 **주어진 블록만을 사용**하여 코딩합니다(다른 블록 사용 불가).
- 한 블록을 여러 번 사용할 수 있으며 블록 안의 문자, 숫자, 기호 등을 적절히 변경합니다.

1

주어진 숫자가 0보다 큰 수인지 확인하는 함수를 작성하시오.

조건

1. '숫자확인' 함수는 전달받은 숫자가 0보다 큰 수인지, 작은 수인지 판별하여 알려 준다.
2. 사용자가 입력한 값을 함수에 전달한다.

시작버튼을 클릭했을 때
입력 ▼ 를 입력창 (제목: " 숫자를 입력하세요. ") 로 설정
-- 이 블록을 바꾸세요 --

함수 숫자확인 사용: x
  만약 x ▼ > ▼ 0
  하기 음성합성(TTS) 한국어 ▼ " 0보다 큰 숫자입니다. "
  다른 경우 x ▼ < ▼ 0
  하기 음성합성(TTS) 한국어 ▼ " 0보다 작은 숫자입니다. "
  아니라면 음성합성(TTS) 한국어 ▼ " 0 입니다. "

활용할 블록

숫자확인 사용: x

변수 ▼

70 _ 제 2 장 AI 학습을 위한 심화 코딩

2

주어진 숫자가 홀수인지 짝수인지 판별하여 결과를 알려주는 함수를 작성하시오.

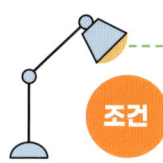

조건
1. '홀수 짝수' 함수는 전달받은 숫자가 홀수인지 짝수인지 판별하여 결괏값을 돌려준다.
2. 사용자가 입력한 값이 홀수인지 짝수인지 출력하여 알려준다.

```
시작버튼을 클릭했을 때
  입력 ▼ 를  입력창 (제목: " 숫자를 입력하세요. " )  로 설정
  홀짝 ▼ 를  홀수 짝수  사용:
                        x  -- 이 블록을 바꾸세요 --          로 설정
  음성합성(TTS) 한국어 ▼   문장결합  " 입력하신 숫자는 "
                                    홀짝
                                    " 입니다. "
```

```
함수  홀수 짝수  사용: x
  만약      -- 이 블록을 바꾸세요 --
  하기    결과 ▼ 를  " 짝수 "  로 설정
  아니라면  결과 ▼ 를  " 홀수 "  로 설정
  다음을 돌려줌   -- 이 블록을 바꾸세요 --
```

활용할 블록

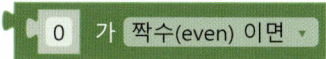 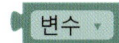

3 함수를 사용하여 국어, 영어, 수학 성적의 평균을 구하는 프로그램을 작성하시오.

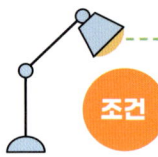
조건
1. '평균 계산' 함수는 세 개의 매개 변수를 받아 평균을 계산하고, 해당 평균 값을 반환하는 함수이다.
2. 국어, 영어, 수학 성적의 평균은 해당 함수를 활용하여 계산한다.

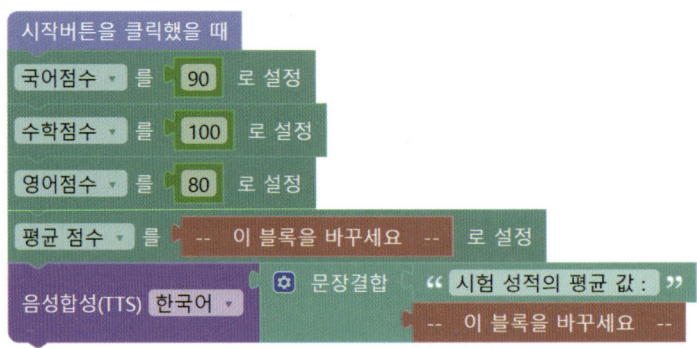

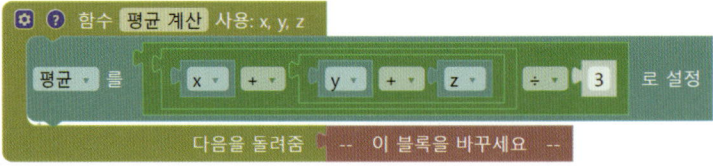

활용할 블록

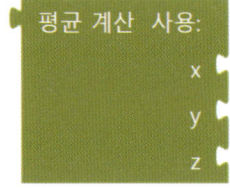 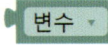

4

함수를 사용하여 구매한 음료수의 가격을 확인하고, 거스름돈을 계산하는 프로그램을 작성하시오.

조건

1. 판매하는 음료수는 '콜라'와 '사이다' 두 가지이다.
2. 지불 금액은 2,000원으로 설정되어 있다.
3. '가격 확인' 함수는 음료수의 가격을 확인하는 함수이며 판매하지 않는 물건의 가격은 '0'으로 설정한다.
4. '거스름돈 계산' 함수는 구매 후의 거스름돈을 계산하는 함수이다.
5. 구매할 음료수를 입력하면 거스름돈 금액을 음성으로 안내해 준다. (판매하지 않는 음료수를 고를 경우 계산하지 않는다.)

활용할 블록

03 함수 응용하기

04 반복 블록 활용하기

1 다중 반복문 코딩하기

다중 반복문은 하나의 반복문 안에 다른 반복문을 포함하는 것을 의미합니다. 이는 반복적인 작업을 보다 효과적으로 처리하는 데 사용됩니다. 내부 반복문은 바깥쪽 반복문이 한 번 실행될 때마다 여러 번 반복됩니다. 이렇게 함으로써 복잡한 데이터를 처리하는 데 유용하게 사용할 수 있습니다.

◆ for문 다중 반복문 코딩하기

☑ for문 반복 블록을 사용하여 구구단을 출력하는 코딩을 해 보세요.

> 각 단을 출력하기 위해 2부터 9까지의 숫자에 대해 반복하는 for문

> 각 단에 곱하는 숫자인 1부터 9까지의 숫자에 대해 반복하는 for문

☑ for문 반복 블록을 사용하여 구구단 중 짝수단만 출력하는 코딩을 해 보세요.

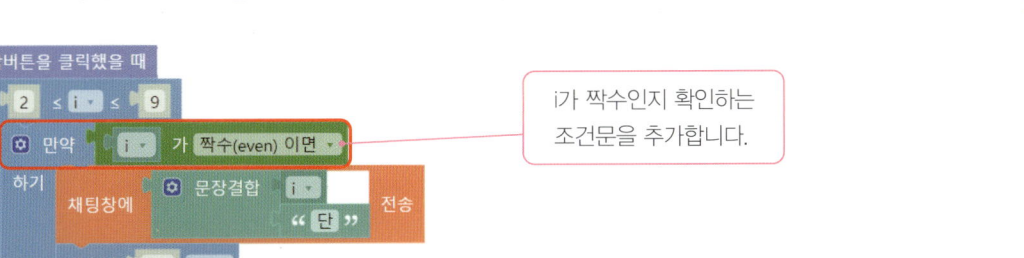

☑ 입력한 수를 제외하고, 나머지 숫자에 대한 구구단을 출력하는 프로그램을 만들어 보세요.

◆ **while문 다중 반복문 코딩하기**

☑ **while문 반복 블록을 사용하여 구구단을 출력하는 코딩을 해 보세요.**

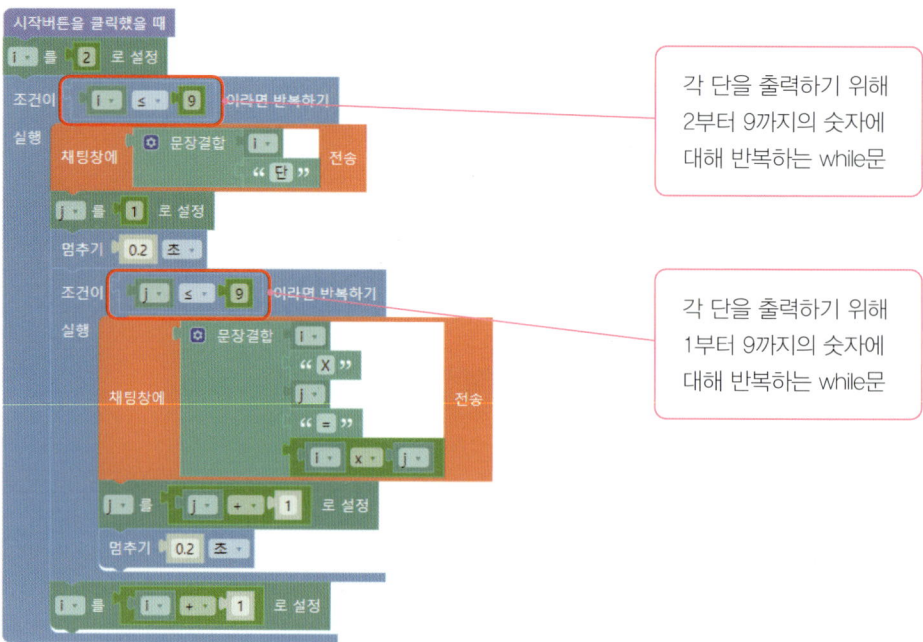

☑ **while문 반복 블록을 사용하여 구구단 중 홀수단만 출력하는 코딩을 해 보세요.**

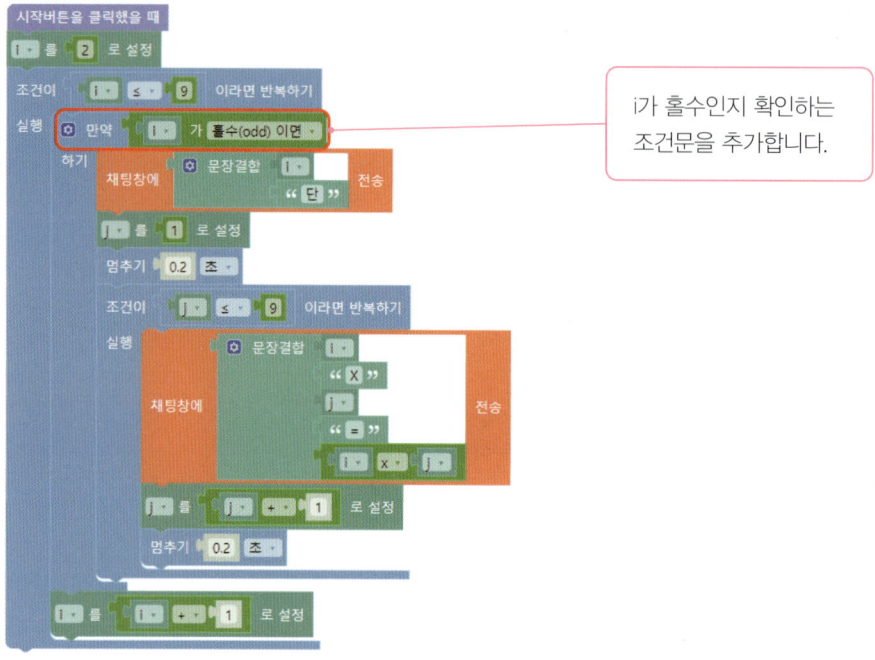

2 조건문과 반복문 활용하기

◆ 리스트에서 최댓값 찾기

☑ 아래와 같은 숫자가 담겨 있는 '숫자 리스트'를 만들어 보세요.

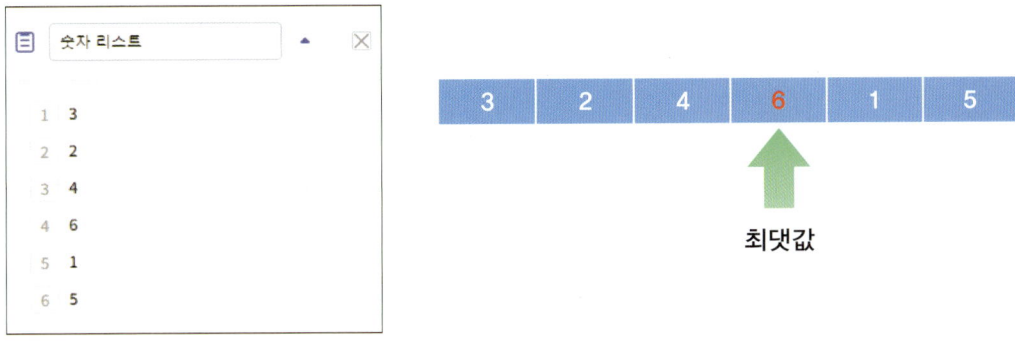

☑ for 반복문을 이용하여 리스트 안의 값 중 최댓값을 찾는 코딩을 해 보세요.

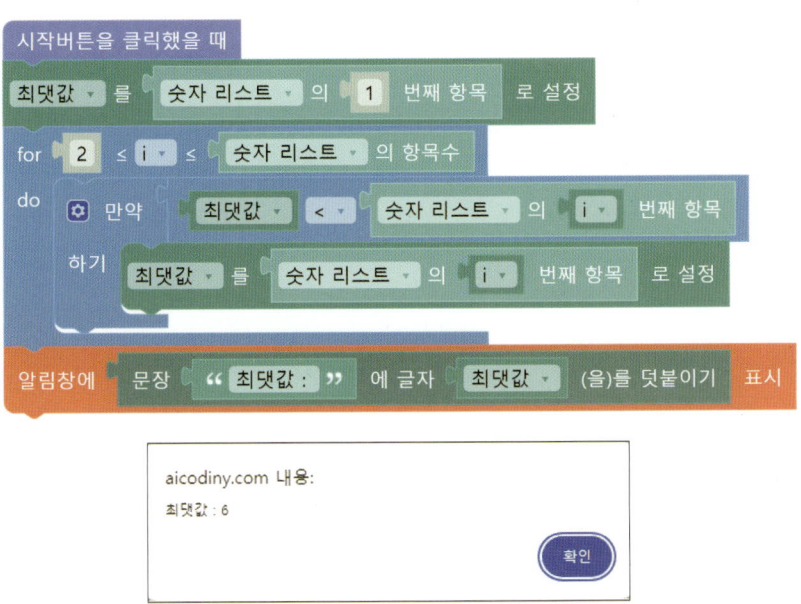

04 반복 블록 활용하기 _ 77

◆ 리스트에서 최솟값 찾기

☑ 아래와 같은 숫자가 담겨 있는 '숫자 리스트'를 만들어 보세요.

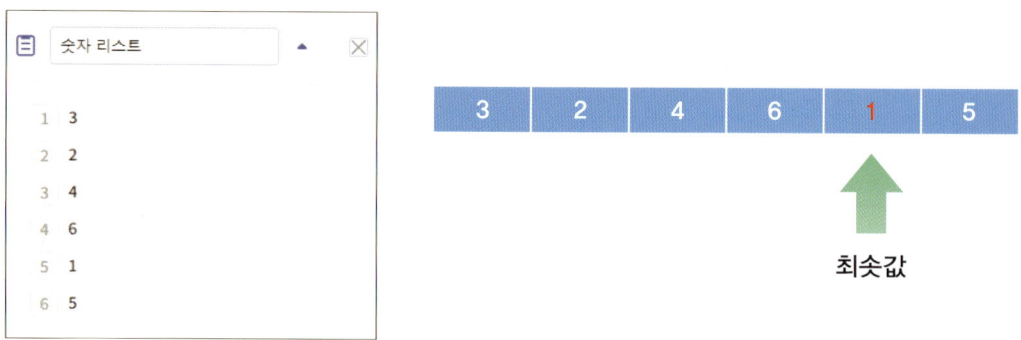

☑ while 반복문을 이용하여 리스트 안의 값 중 최솟값을 찾는 코딩을 해 보세요.

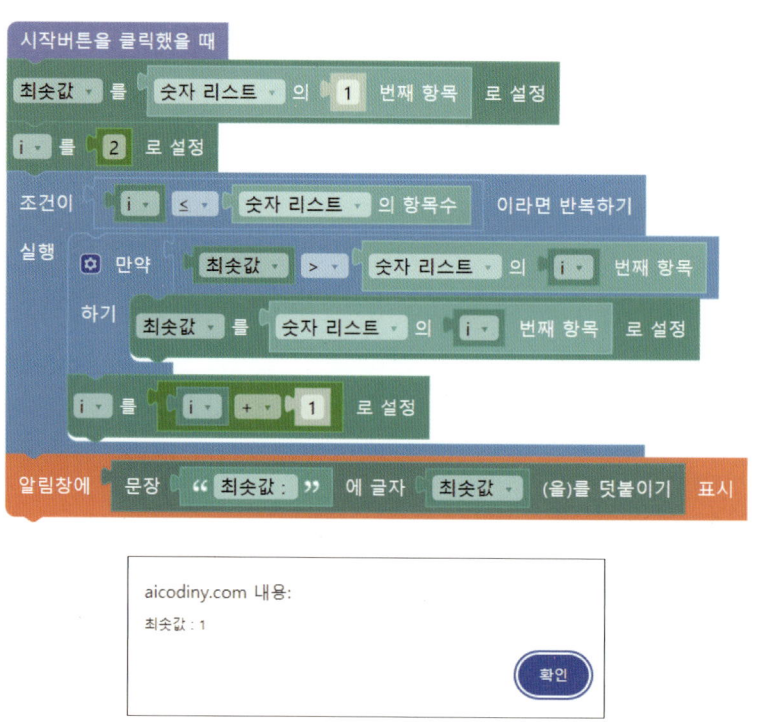

실전 문제

실전 문제 풀이 안내

각 문항에 주어진 블록을 활용하여 프로그램을 완성해 보세요.

- 〈문제 출제 블록〉(-- 이 블록을 바꾸세요 -- , ? 등)을 삭제하고, 그 자리에 아래 **주어진 블록만을 사용**하여 코딩합니다(다른 블록 사용 불가).
- 한 블록을 여러 번 사용할 수 있으며 블록 안의 문자, 숫자, 기호 등을 적절히 변경합니다.

1

구구단 중 짝수단만 출력하는 프로그램을 코딩하시오.

1. for문 반복 블록을 사용한다.
2. 구구단 중 짝수단만 출력한다. (2, 4, 6, 8단)
3. 계산 결과를 채팅창에 표시한다.

시작버튼을 클릭했을 때
for ? ≤ i ≤ ?
do 만약 -- 이 블록을 바꾸세요 --
   하기
   채팅창에 문장결합 i "단" 전송
   멈추기 0.2 초
   for 1 ≤ j ≤ 9
   do 채팅창에 문장결합 i "x" j "=" -- 이 블록을 바꾸세요 -- 전송
   멈추기 0.2 초

활용할 블록

 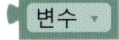 

2

구구단 중 사용자가 입력한 단을 제외한 나머지 단만 출력하는 프로그램을 코딩하시오.

1. for문 반복 블록을 사용한다.
2. 사용자가 숫자를 입력하고, 해당 단을 제외한 나머지 단만 출력한다.
3. 계산 결과를 채팅창에 표시한다.

활용할 블록

 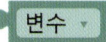

3

구구단 중 홀수단만 출력하는 프로그램을 코딩하시오.

조건
1. while문 반복 블록을 사용한다.
2. 구구단 중 홀수단만 출력한다. (3, 5, 7, 9단)
3. 계산 결과를 채팅창에 표시한다.

활용할 블록

  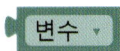

제3장

AI 학습을 위한 데이터 활용

01 엑셀 데이터 활용하기
02 공공데이터 포털 활용하기

01 엑셀 데이터 활용하기

엑셀 파일은 데이터를 표 형태로 정리하고 저장할 수 있는 프로그램에서 생성된 파일입니다. 각 셀에는 숫자, 텍스트, 날짜 등 다양한 정보를 입력할 수 있습니다. 엑셀 파일의 데이터를 불러와 활용하면 손쉽게 새로운 데이터 세트를 만들거나 가공할 수 있습니다.

예를 들어, '과일 가격' 엑셀 데이터를 생각해 봅시다. A열에는 각 과일의 이름이, B열에는 해당 과일의 가격이 저장되어 있습니다. 이 엑셀 파일을 이용하여 코디니에서 데이터 세트를 생성하면, 각 과일의 이름이 키(key)로, 해당 과일의 가격이 값(value)으로 저장되는 것을 확인할 수 있습니다. 이렇게 외부 데이터를 불러와 활용하면 다양한 정보를 효과적으로 가공하여 코딩할 수 있습니다.

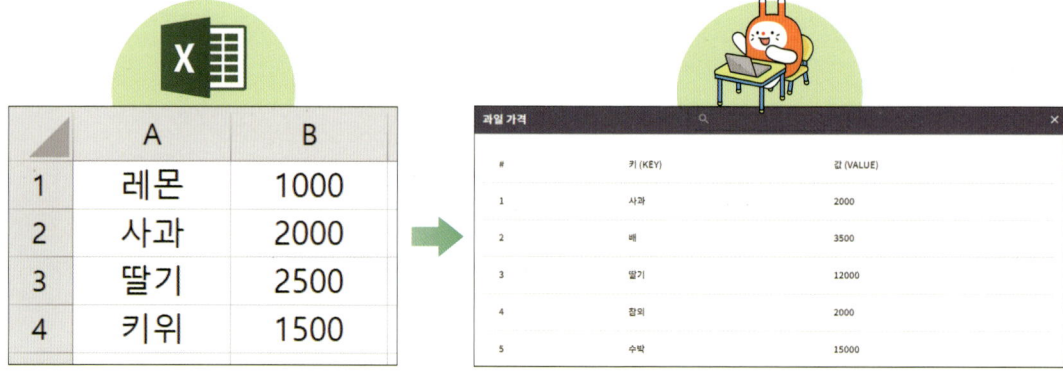

〈과일 가격 엑셀〉　　　　　〈과일 가격 데이터 세트〉

 데이터 세트란?
데이터 세트는 많은 데이터를 세트로 묶어 저장해 둔 것입니다. 〈키〉와 〈값〉이 짝을 이루어 만들어지는데, 〈값〉은 코딩에 활용할 데이터이고, 〈키〉는 데이터를 찾기 위해 붙인 이름 같은 것입니다. 한 번 만들어 저장한 데이터 세트는 코딩에 필요할 때마다 불러와 사용할 수 있어요.

엑셀 파일로 데이터 세트 만들기

☑ 컴퓨터에서 엑셀 파일로 우리 가족 생일을 아래와 같이 데이터 세트 형식으로 만들어 저장해 보세요.

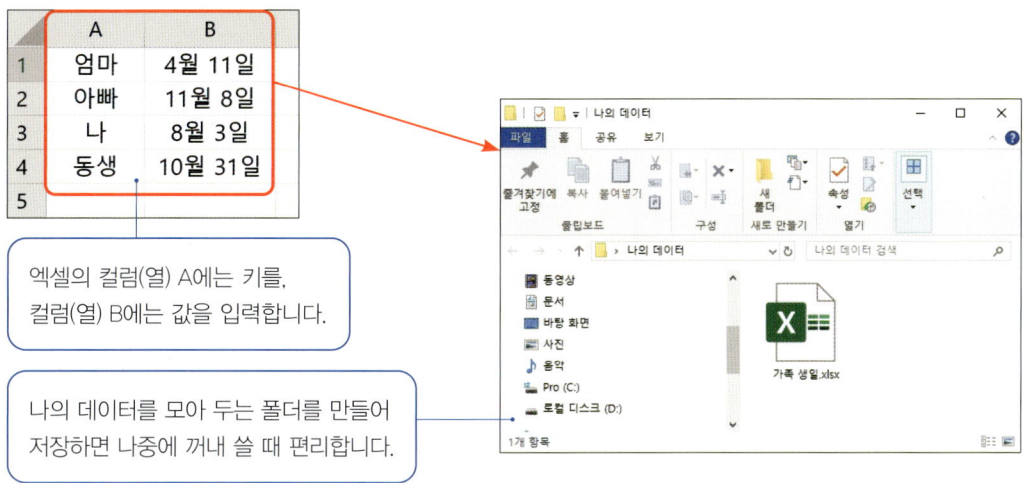

엑셀의 컬럼(열) A에는 키를, 컬럼(열) B에는 값을 입력합니다.

나의 데이터를 모아 두는 폴더를 만들어 저장하면 나중에 꺼내 쓸 때 편리합니다.

 엑셀 파일 데이터 세트 업로드 하기

☑ AI Codiny의 속성 〉 데이터 세트 추가에서 '파일 선택'을 클릭하여 파일 업로드 창을 엽니다.

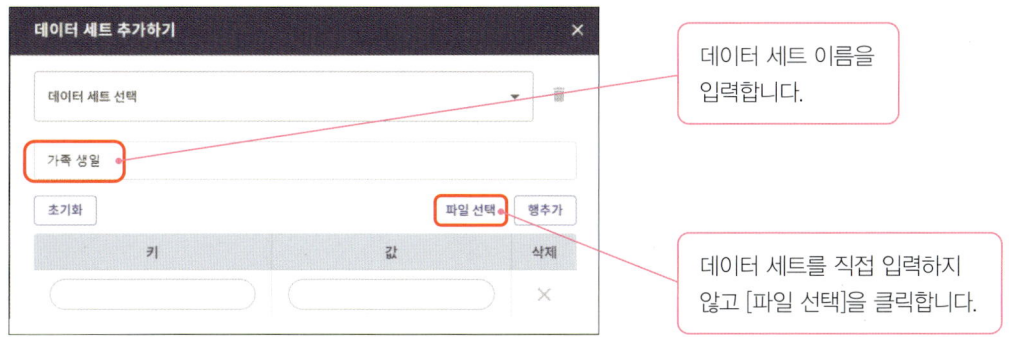

데이터 세트 이름을 입력합니다.

데이터 세트를 직접 입력하지 않고 [파일 선택]을 클릭합니다.

☑ 컴퓨터에 저장한 '가족 생일' 파일을 찾아 불러옵니다.

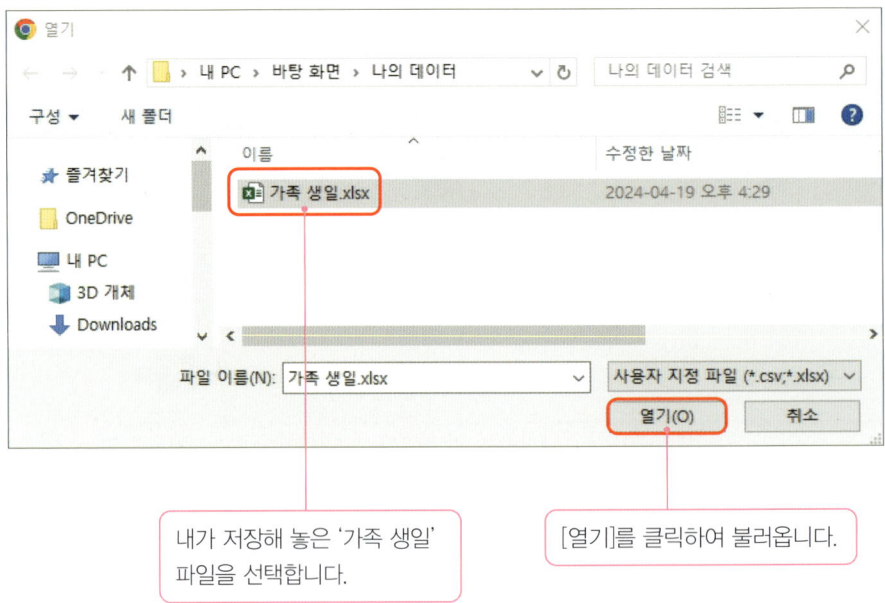

내가 저장해 놓은 '가족 생일' 파일을 선택합니다.

[열기]를 클릭하여 불러옵니다.

☑ AI Codiny에서 데이터 세트를 열어 저장이 잘 되었는지 확인해 보세요.

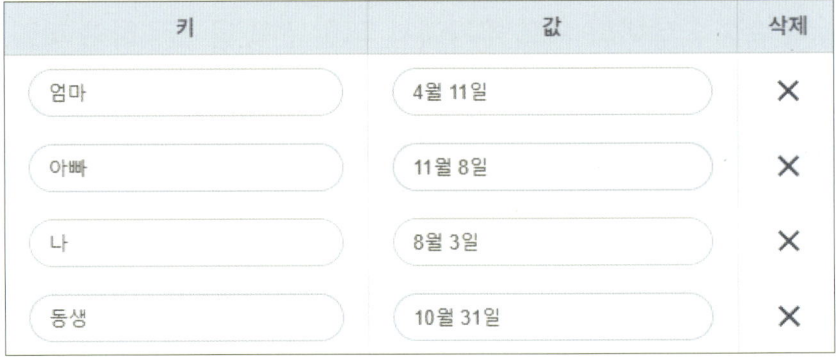

④ 엑셀 파일을 활용한 코딩하기

☑ 과일의 이름과 가격이 입력된 엑셀 파일을 만들고, 코디니의 데이터 세트로 추가해 보세요.

☑ 과일 가격 데이터 세트를 활용하여 아래와 같이 과일을 사는 프로그램을 코딩해 보세요.

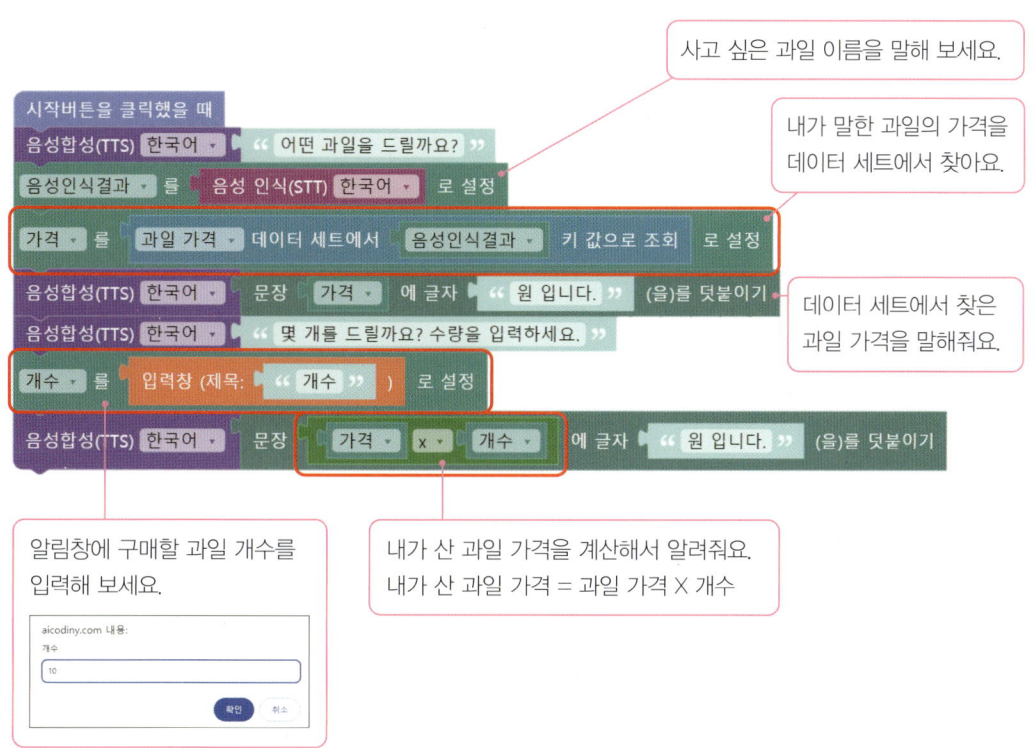

프로젝트 — 역사 퀴즈 프로그램

데이터 세트를 이용하여 역사 퀴즈 프로그램을 만들어 보세요.

프로그램의 흐름

① 엑셀 파일로 역사 문제와 보기, 정답 데이터 세트를 만듭니다.
② AI Codiny에 엑셀 파일을 불러와 저장합니다.
③ 문제를 듣고 정답이 1번이면 왼쪽, 2번이면 오른쪽으로 코디니가 이동합니다.
④ 정답을 맞혔으면 다음 문제가 진행되고, 틀렸으면 정답을 맞힐 때까지 반복합니다.
⑤ 모든 문제를 풀고 나면 프로그램을 종료합니다.

조건 엑셀 파일로 데이터 세트를 만들어 활용하고 10문제 이상을 학습한다.
학생의 수준에 따라 문제의 난이도는 조절할 수 있다.

❶ 퀴즈 쇼 무대를 꾸미고 모양 탭에 들어가 '왼쪽', '오른쪽' 글자를 만들어 번호 아래에 배치합니다.

왼쪽 하단에 있는 글자 색, 폰트 버튼을 활용하여 글자 색과 폰트를 조절합니다. 되도록 글자 색과 숫자 색을 같은 색으로 맞춰주세요.

❷ 역사 문제를 엑셀 파일로 만들어 보세요. 컬럼 A에는 문제 번호를, 컬럼 B에는 문제를 입력합니다.

A	B
1	청동기 시대에 커다란 돌을 쌓아 만든 족장의 무덤을 무엇이라고 하나요?
2	우리나라 최초의 국가는 무엇인가요?
3	'널리 인간을 이롭게 한다'는 고조선의 건국 이념은 무엇인가요?
4	단군 왕검이 하늘에 제사를 지냈다는 참성단이 있는 곳은 어디인가요?
5	동명 성왕인 주몽이 세운 나라의 이름은 무엇인가요?
6	삼국이 통일된 후 대조영이 옛 고구려의 영토에 세운 나라는 무엇인가요?
7	신라가 삼국 통일의 위업을 달성할 때의 왕은 누구인가요?
8	고구려의 영토를 북만주까지 넓혀 고구려인의 용맹을 과시한 왕은 누구인가요?
9	세종 대왕 때 만들어졌으며 비가 온 양을 재는 기구는 무엇인가요?
10	1876년 강화도에서 일본의 강압에 의해 맺어진 우리나라 최초의 근대적 조약은 무엇인가요?
11	1884년에 설치되어 근대적인 우편 사무를 담당한 곳은 어디인가요?
12	지석영의 노력으로 실시되어 보급된 천연두를 치료하는 의술은 무엇인가요?
13	애국가를 작곡한 사람은 누구인가요?
14	우리나라 최초의 근대식 의료 기관은 어디인가요?
15	우리나라에서 최초로 만들어진 철교는 무엇인가요?
16	훈민정음으로 쓴 최초의 글로 왕실 조상의 역사를 노래한 책은 무엇인가요?
17	고려 말기에 화약 및 화기의 제조를 맡아 본 임시 관청의 이름은 무엇인가요?
18	100만이 넘는 수나라의 대군을 살수의 얕은 물로 유인하여 전멸시킨 장군은 누구인가요?
19	임시 정부의 주석으로 한인 애국단을 조직하여 독립 운동을 한 분은 누구인가요?
20	중국 상하이에서 도시락 폭탄을 던져 일본의 중요 인물을 죽이거나 다치게 하고 순국한 분은 누구인가요?

＊사이트에서 제공하는 학습 자료를 다운로드하여 활용하세요.

❸ 엑셀 파일로 [보기]와 [정답]을 만듭니다.

[보기]

A	B
1	1. 고인돌 2. 서오릉
2	1. 조선 2. 고조선
3	1. 팔조법금 2. 홍익인간
4	1. 강화도 2. 제주도
5	1. 고구려 2. 고려
6	1. 발해 2. 후고구려
7	1. 무열왕 2. 문무왕
8	1. 광개토대왕 2. 강감찬
9	1. 측우기 2. 해시계
10	1. 강화도 조약 2. 을사 조약
11	1. 우체국 2. 우정국
12	1. 종두법 2. 약침법
13	1. 안창호 2. 안익태
14	1. 광혜원 2. 혜민국
15	1. 한강 철교 2. 압록강 철교
16	1. 월인청강지곡 2. 용비어천가
17	1. 훈련원 2. 화통도감
18	1. 연개소문 2. 을지문덕
19	1. 김구 2. 이승만
20	1. 안중근 2. 윤봉길

[정답]

A	B
1	1
2	2
3	2
4	1
5	1
6	1
7	2
8	1
9	1
10	1
11	2
12	1
13	2
14	1
15	1
16	2
17	2
18	2
19	1
20	2

❹ 만든 엑셀 파일은 찾아보기 쉽도록 저장합니다.

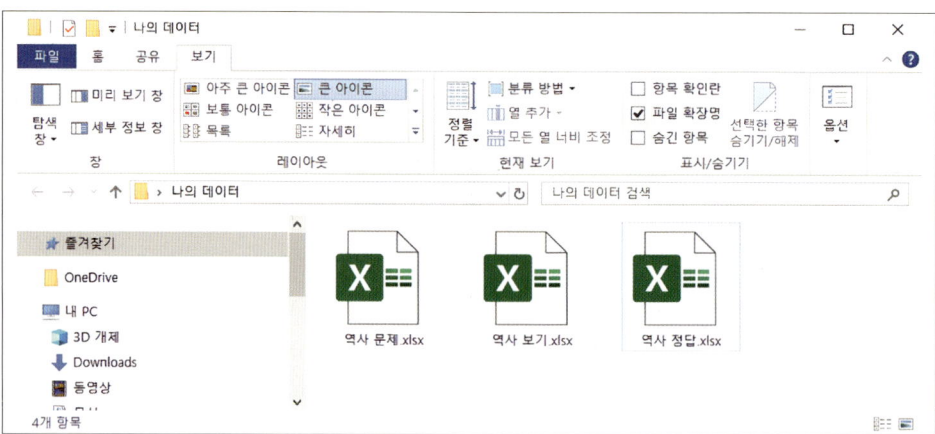

❺ 만든 엑셀 파일을 불러와 AI Codiny의 데이터 세트에 저장합니다.

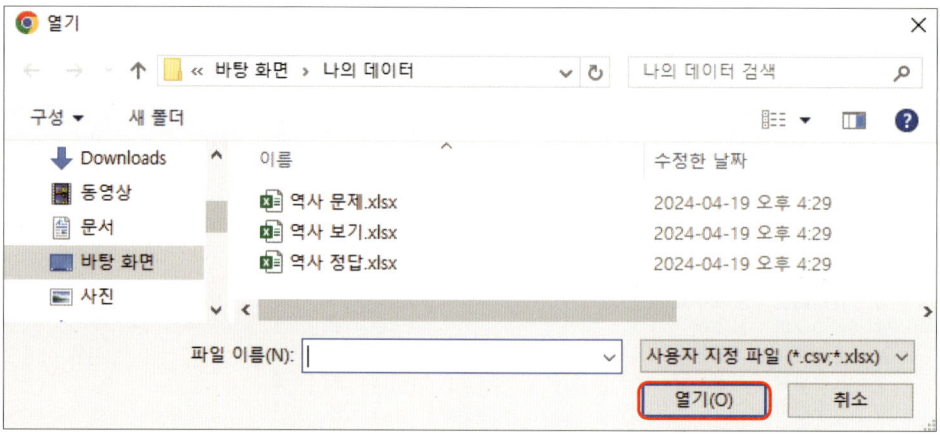

❻ 프로그램을 실행시키면 학습 방법을 안내합니다.

```
시작버튼을 클릭했을 때
음성합성(TTS) 한국어 " 지금부터 역사 퀴즈를 시작하겠습니다. "
음성합성(TTS) 한국어 " 문제를 듣고 정답이라고 생각하는 번호가 있는 쪽으로 이동해 주세요. "
음성합성(TTS) 한국어 " 1번이라고 생각하면 왼쪽, 2번이라고 생각하면 오른쪽 화살표를 누르세요. "
음성합성(TTS) 한국어 " 문제는 3초 안에 맞혀야 하며 틀리면 맞을 때까지 반복합니다. "
문제 번호 를 1 로 설정
출제하기 신호 보내기
```

> 문제 번호를 1번으로 초기화하여 1번 문제부터 학습하도록 합니다.

❼ '출제하기' 신호를 받으면 데이터 세트의 1번 문제를 출제할 준비를 합니다.

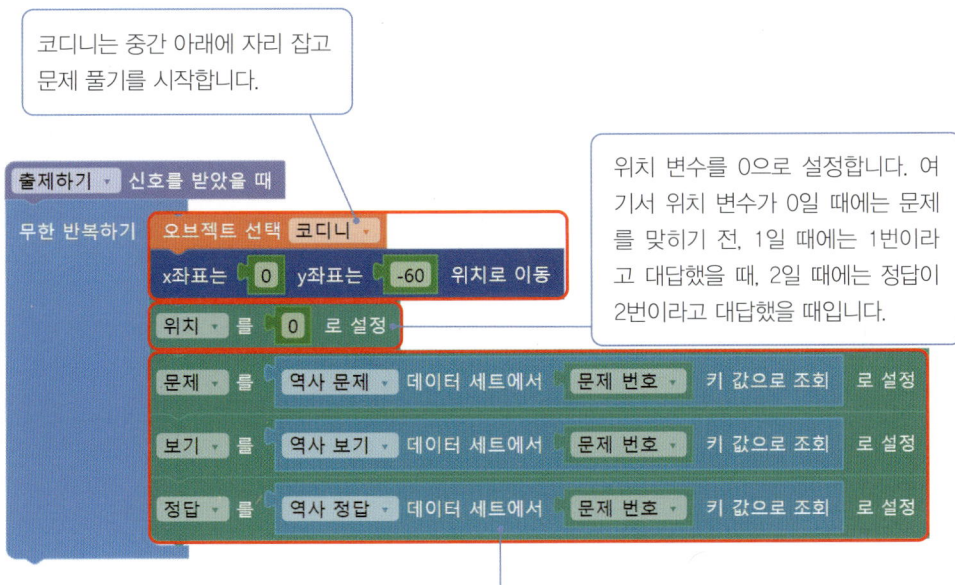

> 코디니는 중간 아래에 자리 잡고 문제 풀기를 시작합니다.

> 위치 변수를 0으로 설정합니다. 여기서 위치 변수가 0일 때에는 문제를 맞히기 전, 1일 때에는 1번이라고 대답했을 때, 2일 때에는 정답이 2번이라고 대답했을 때입니다.

> 역사 문제, 역사 보기, 역사 정답을 데이터 세트의 동일한 문제 번호를 키로 하여 추출한 값으로 정합니다. 프로그램이 시작할 때에는 문제 번호가 1로 초기화 되었으므로 1번부터 학습합니다.

❽ 문제를 출제하고 답을 맞히기를 기다립니다.

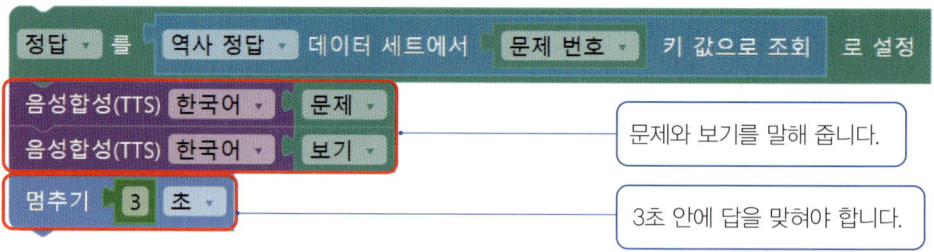

❾ 위 코드와 별도의 공간에 다음과 같이 화살표를 눌렀을 때 작동하는 코딩을 합니다.

생각하는 정답이 1번일 때에는 왼쪽 화살표를 누릅니다.

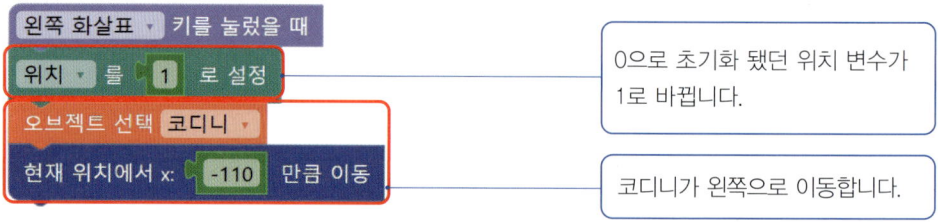

생각하는 정답이 2번일 때에는 오른쪽 화살표를 누릅니다.

❿ 8번 코드에 이어서 코딩합니다.

[실제 정답이 1인 경우 적용되는 코드]

왼쪽 화살표를 누르면 위치 변수가 1로 다시 저장됩니다.

위치 변수가 1이 되면 실제 정답과 일치되어 문제를 맞힐 것입니다.

위치 변수가 2이므로 답을 2번으로 선택하여 틀린 것입니다.

답을 틀리거나 시간 내에 답을 하지 못한 경우 반복 학습을 합니다.

3초 안에 답을 하지 않아 위치 변수가 0으로 남아 있습니다.

> **Tip**
>
> **틀린 경우와 답을 못한 경우에 다시 학습을 하는데, 이때 반복 중단을 시키는 이유는 무엇인가요?**
>
> 출제하기 신호를 보내서 다시 문제를 내기 때문입니다. 만약 반복 중단을 시키지 않으면 출제하기로 돌아가서 다시 문제를 출제함과 동시에 진행되던 프로그램도 함께 계속되므로 프로그램이 혼선을 빚게 됩니다.

> 프로젝트

⓫ 위의 코드를 참조하여 정답이 2인 경우의 코드도 작성합니다.

[만약 정답 = "2" 하기
  만약 위치 = 2 하기
    소리 초인종1 재생
    음성합성(TTS) 한국어 "정답입니다."
  다른 경우 위치 = 1 하기
    소리 효과음1 재생
    음성합성(TTS) 한국어 "틀렸습니다. 다시 한 번 맞혀 보세요."
    출제하기 신호 보내기
    반복 중단
  다른 경우 위치 = 0 하기
    음성합성(TTS) 한국어 "시간이 경과했습니다. 다시 한 번 도전해 보세요."
    출제하기 신호 보내기
    반복 중단]

⓬ 문제를 다 풀었으면 학습을 종료하고, 그렇지 않으면 다음 문제로 넘어가도록 코딩하여 프로그램을 완성합니다.

> 문제가 총 20문제이므로 문제 번호가 20이 되면 학습을 종료하고, 그렇지 않으면 다음 문제로 넘어갑니다.

[만약 문제 번호 = 20 하기
  음성합성(TTS) 한국어 "수고하셨습니다. 역사 퀴즈를 마치겠습니다."
  반복 중단
아니라면 음성합성(TTS) 한국어 "다음 문제입니다."
  문제 번호 를 문제 번호 + 1 로 설정]

> 다음 문제로 넘어가기 위해서는 문제 번호에 1을 더해서 다음 문제를 출제하여야 합니다.

실전 문제

실전 문제 풀이 안내

각 문항에 주어진 블록을 활용하여 프로그램을 완성해 보세요.

- 〈문제 출제 블록〉(-- 이 블록을 바꾸세요 --, ? 등)을 삭제하고, 그 자리에 아래 **주어진 블록만을 사용**하여 코딩합니다(다른 블록 사용 불가).
- 한 블록을 여러 번 사용할 수 있으며 블록 안의 문자, 숫자, 기호 등을 적절히 변경합니다.

1

엑셀 데이터를 활용하여 꽃말을 알려주는 프로그램을 코딩하시오.

조건

1. 시험 플랫폼의 엑셀을 다운로드하여 사용할 폴더에 저장한다.
2. '꽃말_엑셀.xlsx' 파일을 활용하여 '꽃말' 데이터 세트를 추가한다.
3. 사용자가 꽃의 이름을 말하면, 해당하는 꽃의 꽃말을 알려준다.
   예) 장미의 꽃말은 사랑입니다.
4. 데이터 세트에 없는 꽃을 말하는 경우, "해당 꽃의 정보가 없습니다."라고 안내한다.

```
[시작버튼을 클릭했을 때]
[무한 반복하기]
  [음성합성(TTS) 한국어 ▼ "꽃말을 알고 싶은 꽃의 이름을 말하세요."]
  [꽃말 확인 사용:
    x [음성 인식(STT) 한국어 ▼]]

[함수 꽃말 확인 사용: x]
  [꽃말 ▼ 를 -- 이 블록을 바꾸세요 -- 로 설정]
  [만약 꽃말 ▼ = 빈 값(NULL)]
    [하기]
      [음성합성(TTS) 한국어 ▼ "해당 꽃의 정보가 없습니다."]
    [아니라면]
      [음성합성(TTS) 한국어 ▼ [문장결합 -- 이 블록을 바꾸세요 --
                                    "의 꽃말은"
                                    꽃말 ▼
                                    "입니다."]]
```

*사이트에서 제공하는 학습 자료를 다운로드하여 활용하세요.

활용할 블록

[꽃말 ▼ 데이터 세트에서 " " 키 값으로 조회]

2

엑셀 데이터를 활용하여 영어 단어 퀴즈 프로그램을 만드는 코드를 완성하시오.

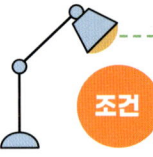

조건

1. 시험 플랫폼의 엑셀을 다운로드하여 압축을 푼 후 사용할 폴더에 저장한다.
2. '영어단어퀴즈_문제.xlsx' 파일을 활용하여 '영단어 문제' 데이터 세트를 추가한다.
3. '영어단어퀴즈_정답.xlsx' 파일을 활용하여 '영단어 정답' 데이터 세트를 추가한다.
4. 문제를 듣고, 해당하는 영어 단어를 입력한다.
5. 정답 여부를 판단하고, 정답인 경우 점수를 1점 증가시킨다.
6. 모든 문제를 풀고 난 후, 총 몇 개의 문제를 맞혔는지 알려준다.

활용할 블록

*사이트에서 제공하는 학습 자료를 다운로드하여 활용하세요.

3 엑셀 데이터를 활용하여 자격증 합격 조회 프로그램을 완성하시오.

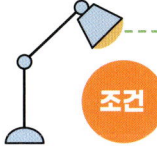

조건
1. 시험 플랫폼의 엑셀 파일을 다운로드하여 압축을 푼 후 사용할 폴더에 저장한다.
2. '성적.xlsx' 파일을 활용하여 '성적' 데이터 세트를 추가한다.
3. 핸드폰 번호 4자리를 입력하여 성적을 확인한다.
4. 없는 번호를 입력했을 경우에는 조회 결과가 없음을 음성으로 안내한다.
5. 성적이 60점 이상일 경우 합격을, 아닐 경우 불합격을 안내한다.

```
시작버튼을 클릭했을 때
음성합성(TTS) 한국어 " 자격증 합격 조회 프로그램입니다. "
음성합성(TTS) 한국어 " 핸드폰 번호 뒷자리 4자리를 입력하세요. "
번호 를 입력창 (제목: " 핸드폰 번호 네자리를 입력하세요 (예: 1234) " ) 로 설정
합격조회
```

```
함수 합격조회
  성적 를 -- 이 블록을 바꾸세요 -- 로 설정
  만약  성적 = -- 이 블록을 바꾸세요 --
  하기  음성합성(TTS) 한국어 " 조회 결과가 없습니다. 번호를 다시 입력해보세요. "
  아니라면  음성합성(TTS) 한국어 문장 성적 에 글자 " 점 입니다. " (을)를 덧붙이기
    만약  성적 ≥ 60
    하기  음성합성(TTS) 한국어 " 합격입니다. 축하드립니다. "
    아니라면  음성합성(TTS) 한국어 " 불합격입니다. 다음에 다시 도전해주세요. "
```

활용할 블록 *사이트에서 제공하는 학습 자료를 다운로드하여 활용하세요.

```
성적 데이터 세트에서 " " 키 값으로 조회    변수    빈 값(NULL)
```

02 공공데이터 포털 활용하기

1 공공데이터 포털이란?

공공데이터 포털은 정부에서 만들어 내는 다양한 정보를 한 곳에 모아둔 곳입니다. 예를 들어 지도 정보, 날씨 정보, 교통 정보 등이 있습니다. 데이터 명칭이나 키워드를 검색하면 우리가 원하는 정보를 쉽게 찾고 사용할 수 있습니다.

> data.go.kr에 접속하거나 검색창에 '공공데이터 포털'을 검색하여 접속할 수 있습니다. 직접 접속해서 원하는 데이터를 찾아보세요.

❷ 공공데이터 포털 가입하기

공공데이터 포털은 회원가입 후 로그인을 해야 데이터를 다운로드하고 사용할 수 있습니다.
만 14세 미만의 어린이 회원은 부모님 인증이 추가로 필요합니다.

1. 화면의 상단에 있는 '회원가입' 버튼을 클릭합니다.

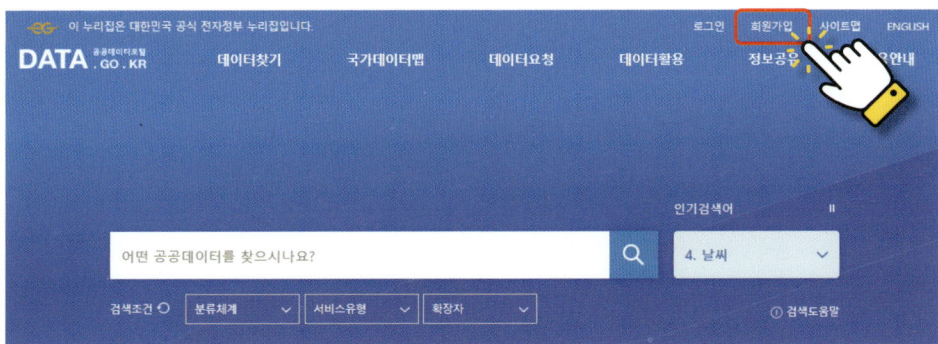

2. 만 14세 이상일 경우 '일반회원'으로, 만 14세 미만의 경우는 '어린이 회원'을 선택하고, 이름과 이메일을 작성합니다.

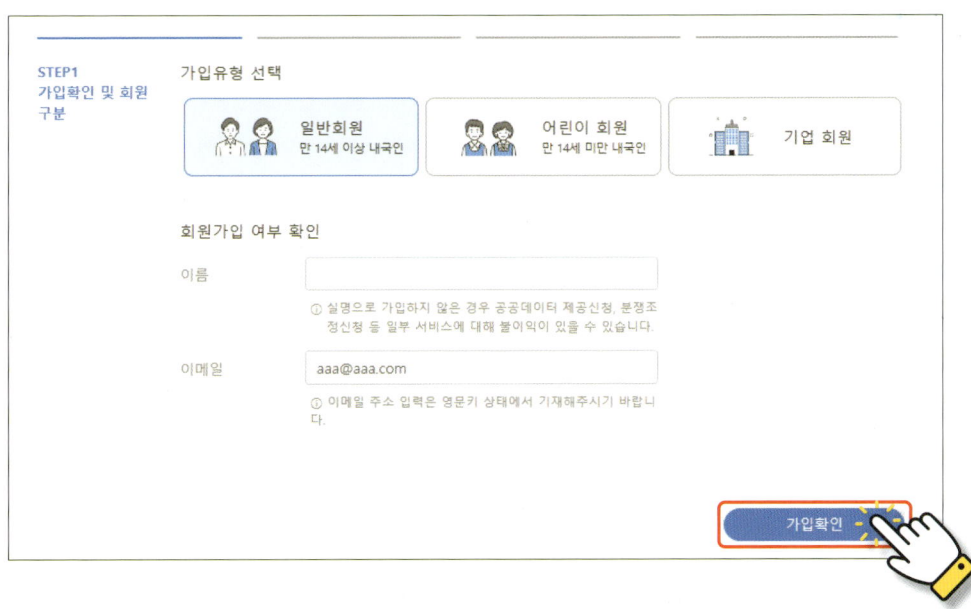

3. '전체 약관에 동의합니다.' 체크 박스를 선택하고, '다음 단계' 버튼을 누릅니다.

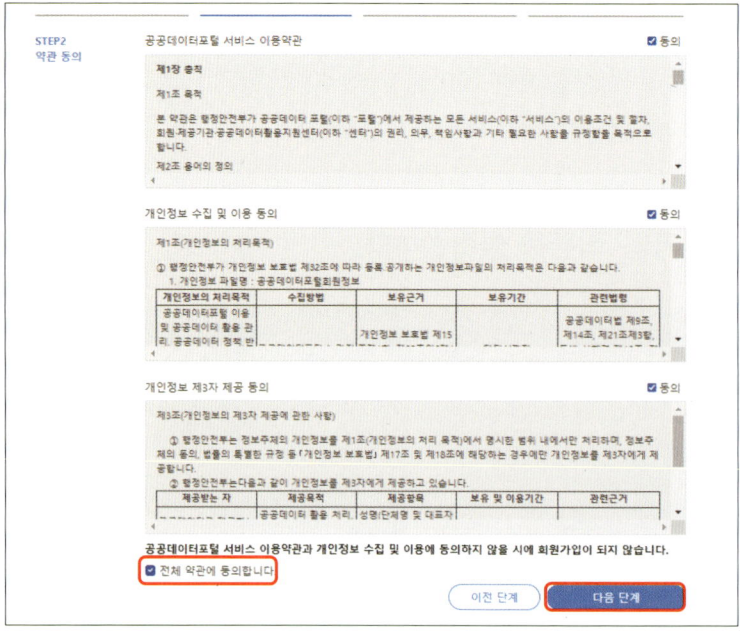

4. 필수 정보들을 입력하고 이메일 인증을 진행한 후 '다음 단계' 버튼을 누릅니다.

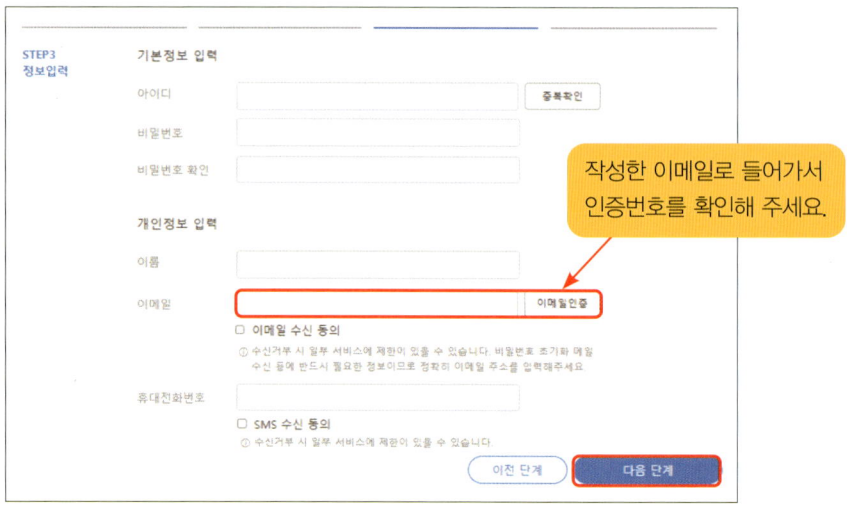

5. 휴대폰 또는 아이핀을 이용하여 본인인증을 진행하고 '가입 완료' 버튼을 누릅니다.

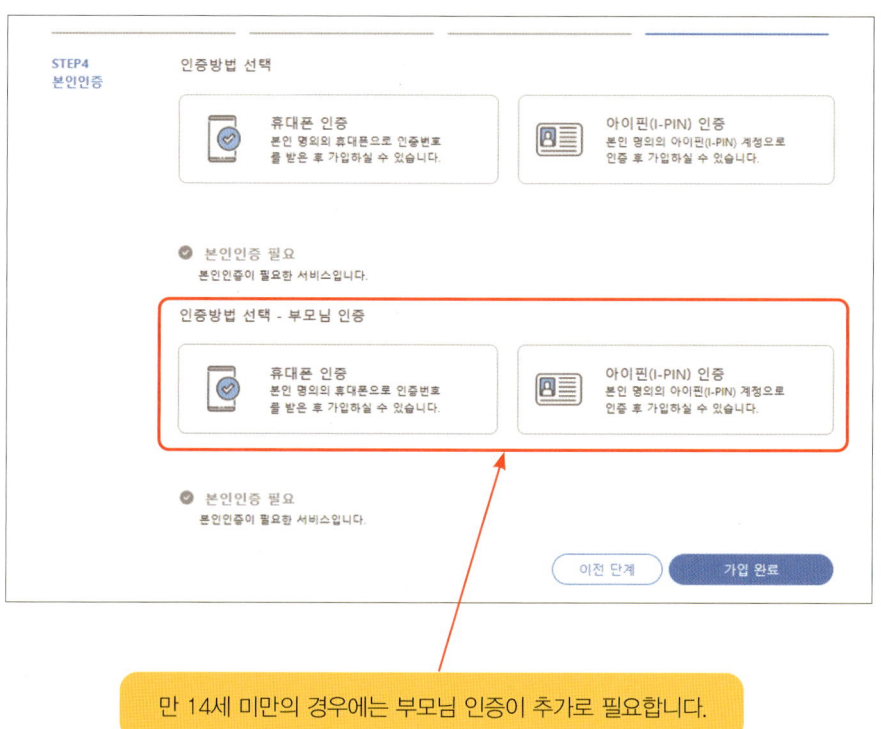

만 14세 미만의 경우에는 부모님 인증이 추가로 필요합니다.

6. 가입을 완료하면, '로그인' 버튼을 눌러서 본인 계정으로 접속한 후 공공데이터 포털을 이용합니다.

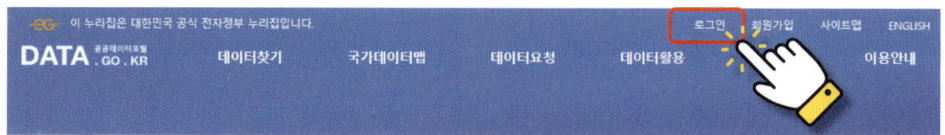

3 공공데이터 포털 활용하기

공공데이터 포털에서 원하는 데이터를 찾아보고, 다운로드하는 방법을 알아봅니다.

1. 교통과 관련된 데이터를 얻기 위해 '교통' 이라는 키워드로 검색합니다.

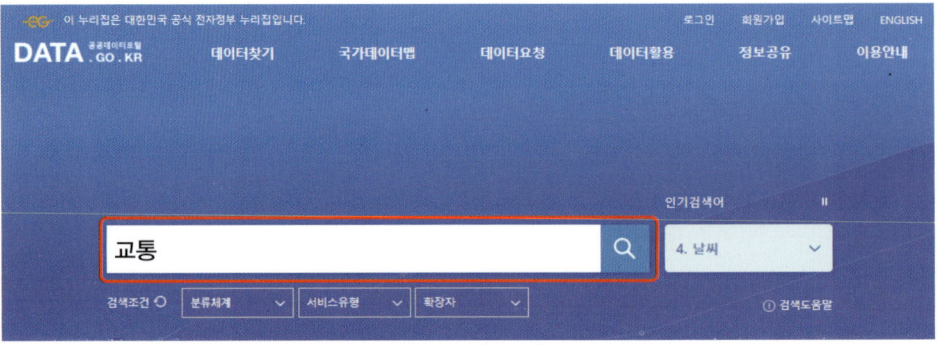

2. 교통과 관련된 데이터를 파일로 다운받기 위해 '파일데이터' 탭을 선택합니다.

3. 교통과 관련된 다양한 공공데이터를 확인하고 다운로드할 수 있습니다.

원하는 데이터를 선택하여 해당 데이터의 상세 정보를 확인할 수 있습니다.

'다운로드' 버튼을 눌러 데이터를 컴퓨터로 다운로드할 수 있습니다.

④ 공공데이터를 활용하여 테이블 불러오기

코디니에서는 데이터 분석을 위해 csv, xlsx 형식의 파일을 불러와 테이블로 사용할 수 있습니다. 이를 통해 다른 출처에서 다운로드한 데이터를 코디니에서 쉽게 활용할 수 있습니다. 이번 실습에서는 공공데이터 포털에서 필요한 데이터를 다운로드하여 코디니에서 해당 데이터를 활용하는 방법을 알아봅니다.

1. 공공데이터 포털 사이트에 접속하고, '자동차 생산량'을 검색합니다.

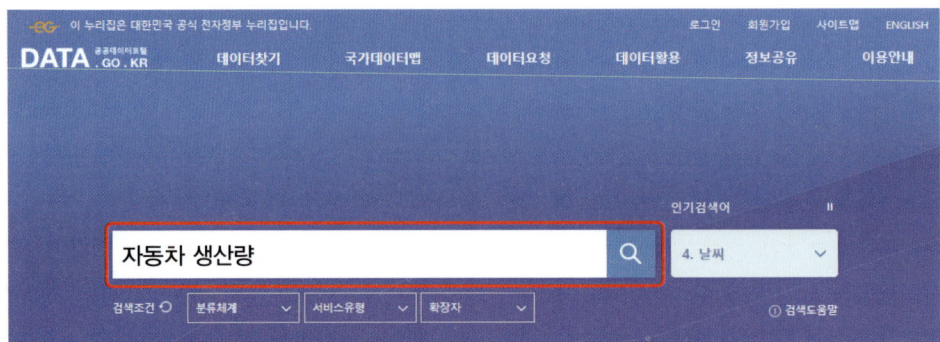

2. 파일데이터 목록 중 '산업통상자원부_국내 및 세계 자동차 생산량'을 선택합니다.

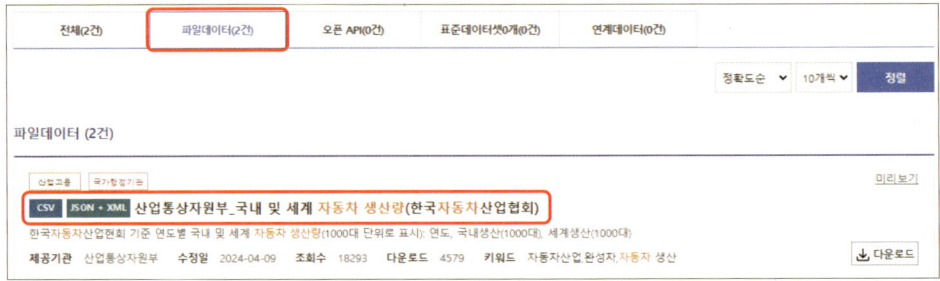

3. 데이터 상세 화면을 살펴보고, '다운로드' 버튼을 눌러 데이터를 컴퓨터로 다운로드합니다.

4. 다운로드한 CSV 파일을 메모장이나 엑셀로 열어서 데이터의 내용을 확인해 봅니다.

[메모장]　　　　　　[엑셀]

연도별 국내 및 세계 자동차 생산량을 알 수 있는 데이터 세트입니다.

 CSV 파일이란?
Comma Separated Values의 약자로 쉼표(,)로 값들이 구분되어 있는 파일 형식을 말합니다. 이 파일은 엑셀이나 다른 프로그램에서 열어볼 수 있어서 데이터를 정리하고 다루기 편리합니다.

5. 코디니에서 AI 학습 〉 '테이블 불러오기' 버튼을 클릭합니다.

6. 파일 불러오기 〉 파일 선택을 클릭하여 다운로드한 CSV 파일을 불러옵니다.

7. 불러온 테이블의 이름을 '자동차 생산량'으로 저장합니다.

Tip

한글이 깨져 나오는 경우 해결 방법

◆◆◆◆	◆◆◆◆◆◆◆(1000◆◆)	◆◆◆◆◆◆◆(1000◆◆)
2005	3699	67610
2006	3840	70459
2007	4086	74483

1) 파일 형식 바꾸어 저장하기

엑셀 → 파일 → 다른 이름으로 저장 → CSV UTF-8 선택 → 저장

2) 컬럼명 변경

직접 원하는 컬럼명으로 변경할 수 있습니다.

'컬럼명 변경' 버튼을 누르고, 왼쪽의 박스처럼 직접 컬럼명을 입력해 주세요.

8. 저장한 테이블은 '내 테이블'에 저장되며, 데이터가 필요할 때 불러와 사용할 수 있습니다.

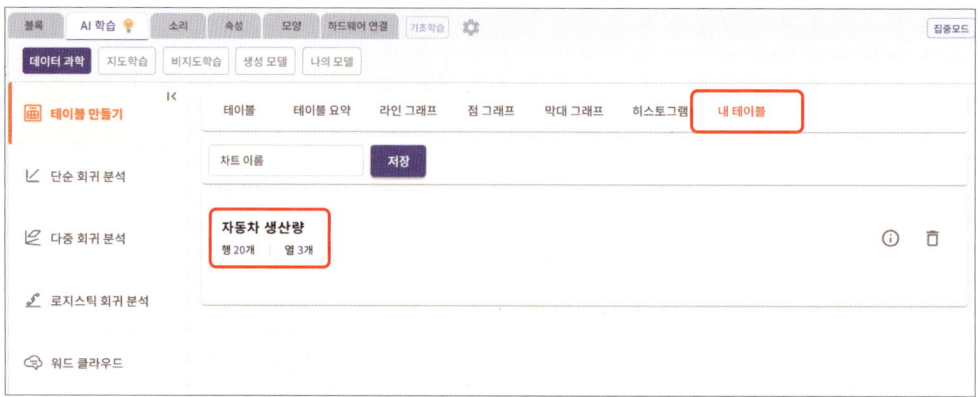

9. 불러온 데이터 테이블로 생성한 다양한 그래프를 확인해 보세요.

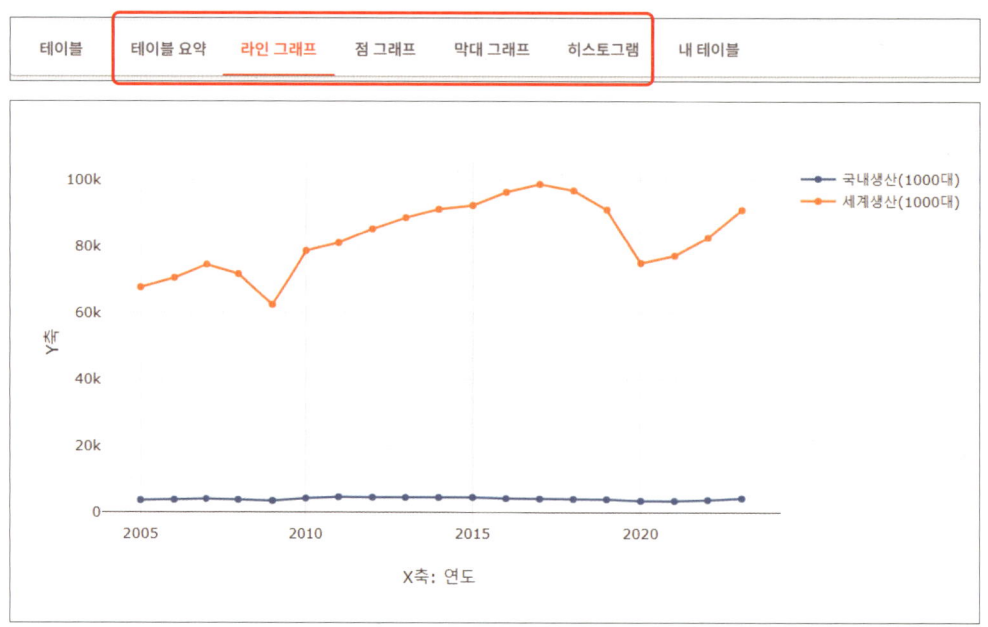

실전 문제

실전 문제 풀이 안내

각 문항에 주어진 블록을 활용하여 프로그램을 완성해 보세요.

- 〈문제 출제 블록〉(`-- 이 블록을 바꾸세요 --`, `?` 등)을 삭제하고, 그 자리에 아래 **주어진 블록만을 사용**하여 코딩합니다(다른 블록 사용 불가).
- 한 블록을 여러 번 사용할 수 있으며 블록 안의 문자, 숫자, 기호 등을 적절히 변경합니다.

1

학습 자료에서 데이터를 다운로드하여 서울에서 폭염이 가장 많이 발생한 연도를 확인 하는 코드를 완성하시오.

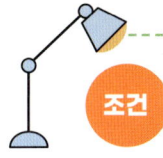

조건

1. 학습 자료에서 '행정안전부_폭염 발생현황' 데이터를 다운로드한다.
2. 다운로드한 CSV를 활용하여 '서울 폭염' 데이터 세트를 추가한다.
3. 2007년부터 2022년 사이의 데이터 중 가장 폭염이 많이 발생한 연도를 찾는다.
4. 서울에서 폭염이 가장 많이 발생한 연도를 음성으로 안내한다.

	A	B	C	D	E
1	연도별	서울(일)	강릉(일)	대전(일)	대구(일)
2	2007	4	13	5	23
3	2008	3	13	3	36
4	2009	4	4		18
5	2010	2	19	10	41
6	2011	3	8	1	29
7	2012	14	10	17	30
8	2013	2	26	16	54
9	2014	10	9	5	22
10	2015	8	9	12	21
11	2016	24	12	29	32
12	2017	13	12	14	33
13	2018	35	23	37	40
14	2019	15	20	18	29
15	2020	4	16	13	31
16	2021	18	11	21	23
17	2022	10	16	22	45

다운로드한 CSV 파일에서 필요한 부분만 남겨두고 나머지 정보를 삭제하면 필요한 정보만을 사용할 수 있습니다.

활용할 블록

`서울 폭염 ▼ 데이터 세트에서 " " 키 값으로 조회` `변수 ▼`

kt

제4장
다양한 AI 응용 코딩

01 광학 문자 인식(OCR)
02 안면 인식 기술과 감정 분석
03 티처블 머신
04 회귀 분석

01 광학 문자 인식(OCR)

사진이나 영상 속에 등장하는 글자를 컴퓨터는 어떻게 인식할 수 있을까요?

1 광학 문자 인식(OCR)이란?

기업, 공공기관, 도서관 등에서는 문서를 오래 보관해야 할 필요성이 커지면서, 문서를 사진으로 찍어 저장하는 방식을 사용하기 시작했습니다. 이 방식은 오랫동안 자료를 저장할 수 있다는 장점이 있지만, 원하는 내용을 찾으려면 사람이 일일이 눈으로 확인해야 하기 때문에 너무 많은 시간이 필요하다는 단점도 있습니다.

광학 문자 인식(OCR: Optical Character Recognition)은 이러한 단점을 보완하기 위한 기술로, 이미지 또는 영상에서 문자를 추출하여 컴퓨터가 읽을 수 있는 디지털 문자로 변환하는 기술입니다.

우리 주변에서 볼 수 있는 OCR 사례

〈필기 인식〉

〈차량 단속〉

〈번역기〉

2 문자 인식 프로그램 코딩하기

☑ 인공지능 카테고리에서 아래와 같은 명령 블록을 찾아보세요.

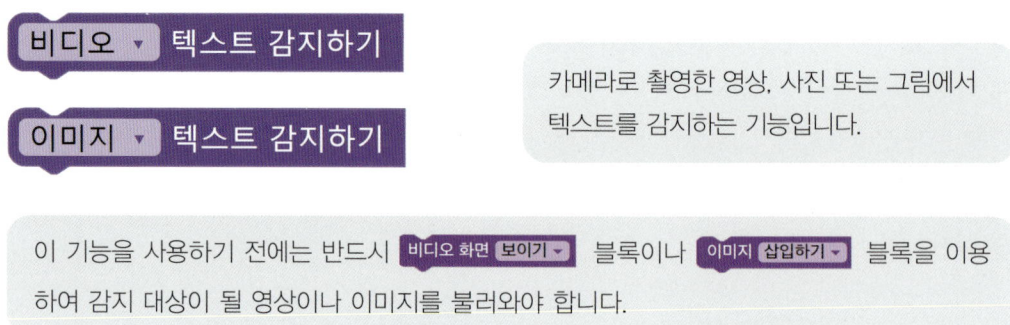

☑ 카메라로 인식한 문자를 음성으로 말하는 코드를 작성한 후 프로그램을 실행해 보세요.

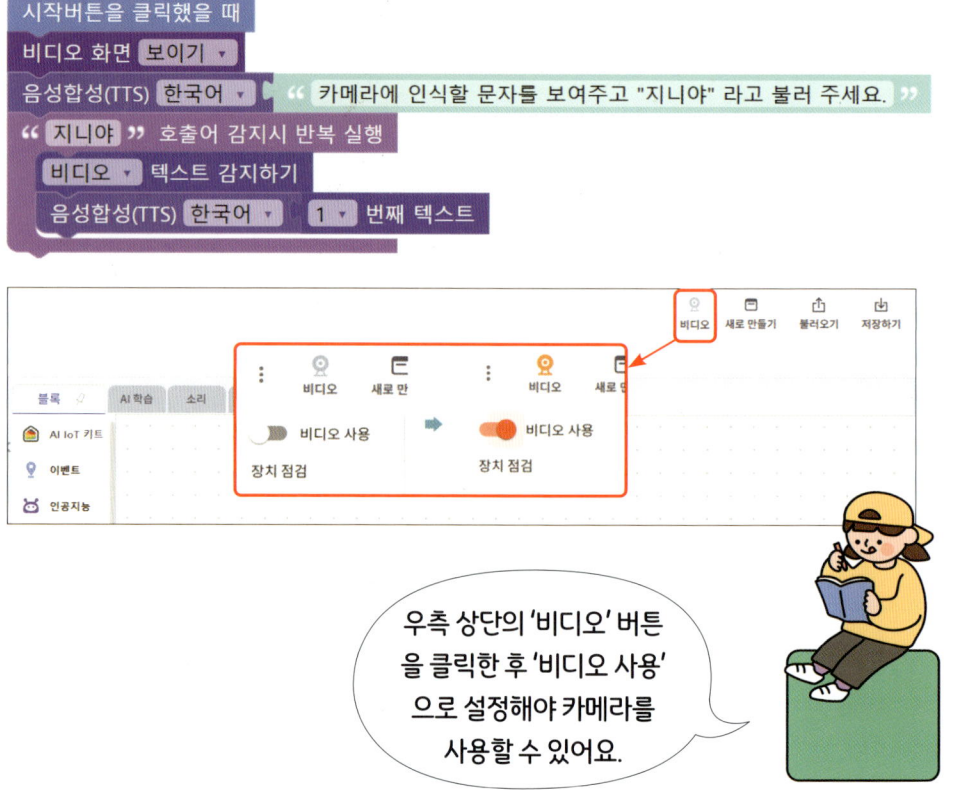

우측 상단의 '비디오' 버튼을 클릭한 후 '비디오 사용'으로 설정해야 카메라를 사용할 수 있어요.

③ 이미지 자동 번역기 만들기

☑ 카메라에 이미지를 보여주면 이미지 속의 문자를 인식하여 영어로 번역해 주는 이미지 자동 번역기를 만들어 보세요.

```
시작버튼을 클릭했을 때
비디오 화면 [보이기]
음성합성(TTS) [한국어] " 자동 번역을 시작합니다. "
음성합성(TTS) [한국어] " 카메라에 번역할 문자를 보여주고 지니를 불러주세요. "
" 지니야 " 호출어 감지시 반복 실행
    비디오 텍스트 감지하기
    음성합성(TTS) [한국어] (문장결합 [1] 번째 텍스트
                                    " 은 영어로 ")
    음성합성(TTS) [영어(미국)] ([한국어] 을(를) [1] 번째 텍스트
                                  [영어] 로 번역하기)
    음성합성(TTS) [한국어] " 입니다. "
```

손 글씨를 인공지능이 감지할 수 있을까요?

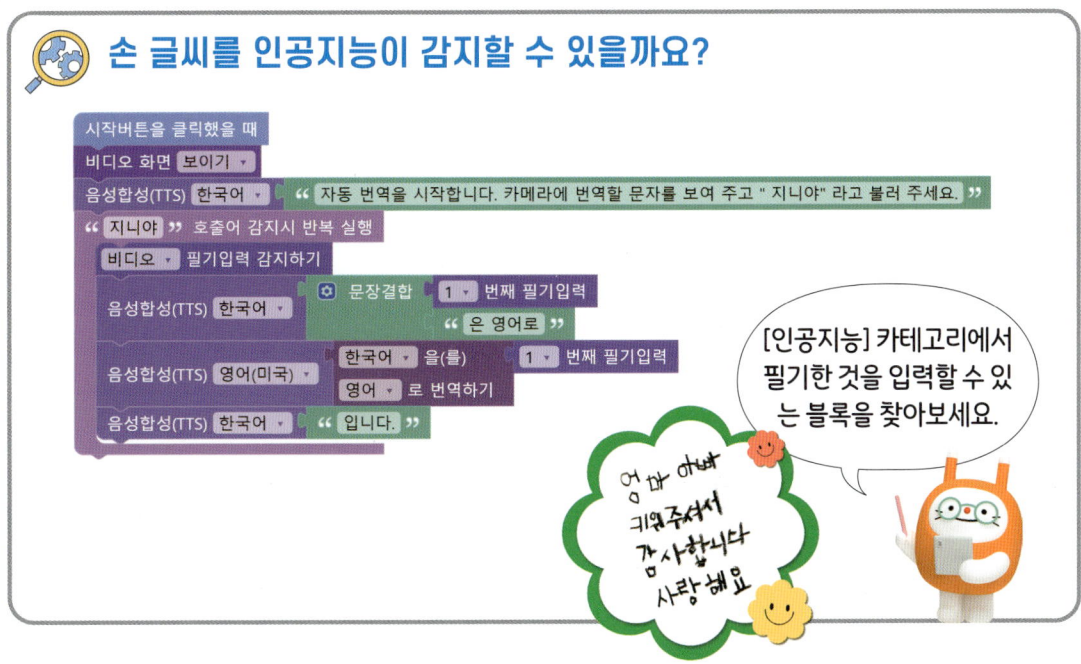

[인공지능] 카테고리에서 필기한 것을 입력할 수 있는 블록을 찾아보세요.

자동차 번호판 인식 AI 프로그램

광학 문자 인식 기술을 활용한 자동차 번호 인식 시스템을 만들어 보세요.

Tip 실행 화면의 배경과 오브젝트가 보이지 않도록 '숨기기'를 하면 글자가 카메라에 비치는 모습을 직접 확인할 수 있어서 편리합니다.

프로그램의 흐름

① 학교 교문에서 AI 로봇이 카메라로 자동차 번호판을 인식하여 안내합니다.
② 지니를 부르고 프로그램을 시작합니다.
③ 수험서에 있는 자동차 번호판을 인식시킵니다.
④ 예약이 되어 있는 방문자에게는 시간과 만날 사람을 안내해 줍니다.
⑤ 예약되어 있지 않은 방문자는 들어올 수 없습니다.

❶ 무엇이 필요할까요?

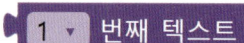

`1▼ 번째 텍스트`	`비디오▼ 텍스트 감지하기`
감지된 텍스트를 가져오는 명령 블록	영상에서 텍스트를 감지하는 명령 블록

❷ 이 프로젝트에서 사용할 자동차 번호판입니다.

> **프로젝트**

❸ 만나기로 예정된 사람과 시간을 저장할 데이터 세트를 각각 만듭니다.

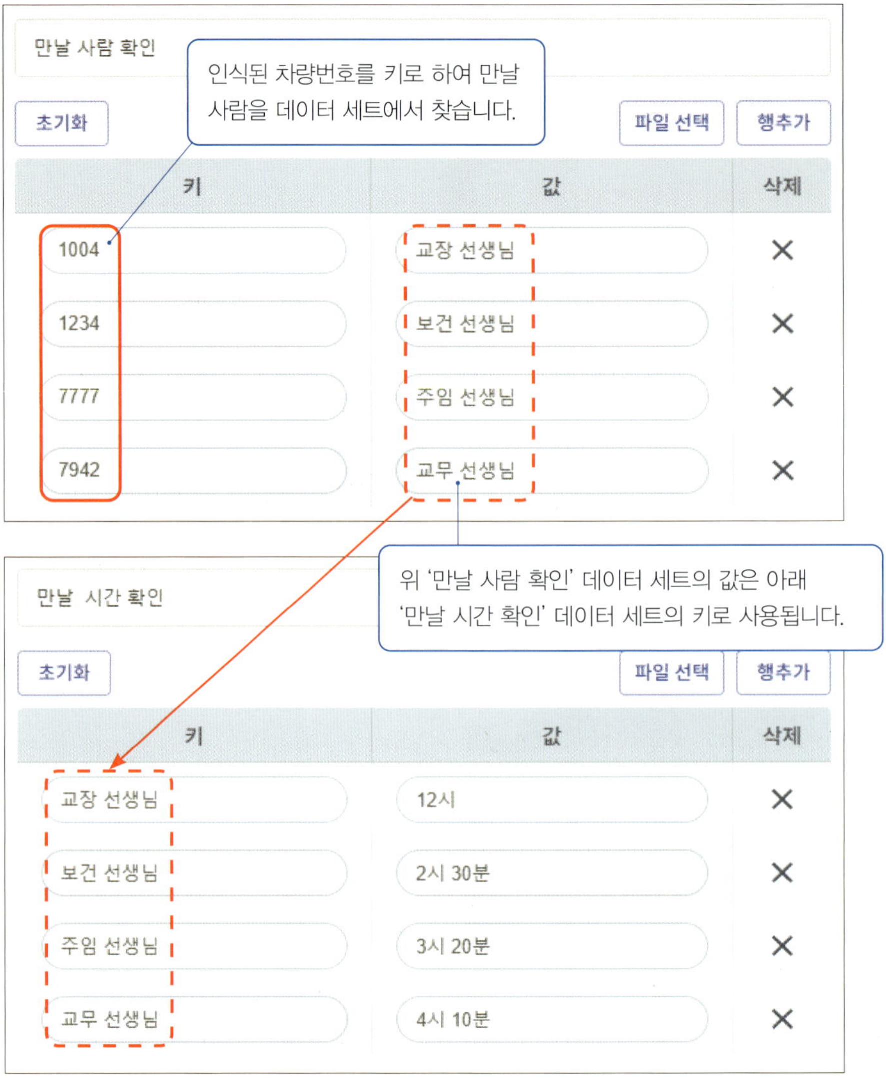

만날 사람 확인

키	값	삭제
1004	교장 선생님	×
1234	보건 선생님	×
7777	주임 선생님	×
7942	교무 선생님	×

인식된 차량번호를 키로 하여 만날 사람을 데이터 세트에서 찾습니다.

만날 시간 확인

키	값	삭제
교장 선생님	12시	×
보건 선생님	2시 30분	×
주임 선생님	3시 20분	×
교무 선생님	4시 10분	×

위 '만날 사람 확인' 데이터 세트의 값은 아래 '만날 시간 확인' 데이터 세트의 키로 사용됩니다.

Tip

'만날 사람 확인' 데이터 세트의 값과 '만날 시간 확인'의 키가 동일해야 정확한 시간 값을 찾을 수 있습니다.

❹ 차량번호 확인 및 예약 안내 절차를 설명해 줍니다.

```
시작버튼을 클릭했을 때
음성합성(TTS) 한국어 ▼ " 안녕하세요? 저는 예약 확인 로봇입니다. "
음성합성(TTS) 한국어 ▼ " 지니를 불러주세요. "
" 지니야 " 호출어 감지시 반복 실행
    음성합성(TTS) 한국어 ▼ " 차량번호를 확인하고 안내해 드리겠습니다. "
    번호판 감지 ▼ 신호 보내고 기다리기
```

❺ 번호판 감지 신호를 받으면 차량번호를 감지하고 예약 확인 절차로 넘어갑니다.

> 감지될 차량번호를 저장할 변수입니다. 아직 사용하지 않아서 빈 값으로 설정합니다.

> 우리가 만든 차량번호는 4자리 수이기 때문에 4자리 글자인지를 확인합니다.

```
번호판 감지 ▼ 신호를 받았을 때
차량번호 ▼ 를 " " 로 설정
음성합성(TTS) 한국어 ▼ " 자동차 번호판이 보이도록 정차해 주세요. "
비디오 화면 보이기 ▼
무한 반복하기
    비디오 ▼ 텍스트 감지하기
    만약  다음 문장의 문자 개수 1 ▼ 번째 텍스트 = 4
    하기
        음성합성(TTS) 한국어 ▼ " 차량번호 "
        음성합성(TTS) 한국어 ▼ 1 ▼ 번째 텍스트
        음성합성(TTS) 한국어 ▼ " 번이 확인되었습니다. "
        차량번호 ▼ 를 1 ▼ 번째 텍스트 로 설정
        예약 확인 ▼ 신호 보내고 기다리기
        반복 중단 ▼
    아니라면
        음성합성(TTS) 한국어 ▼ " 차량번호가 확인되지 않습니다. "
```

> 감지한 차량번호가 4자리가 아니라면 잘못 인식된 것으로 텍스트 감지를 재시도합니다.

❻ 만날 사람 확인 데이터 세트에서 차량번호로 만날 사람을 조회합니다.

> 차량번호로 조회를 해서 만날 사람이 누구인지 확인합니다.

```
예약 확인 ▼ 신호를 받았을 때
만날 사람 ▼ 를 " " 로 설정
음성합성(TTS) 한국어 ▼ " 예약 내용을 확인합니다."
만날 사람 ▼ 를 만날 사람 확인 ▼ 데이터 세트에서 차량번호 ▼ 키 값으로 조회 로 설정
만약   만날 사람 ▼ = ▼ 빈 문자열  또는 ▼  만날 사람 ▼ = ▼ 빈 값(NULL)
  하기   음성합성(TTS) 한국어 ▼ " 예약이 확인되지 않습니다."
  아니라면   예약 시간 확인 ▼ 신호 보내고 기다리기
```

❼ 만날 사람이 확인되었으면 만날 시간 데이터 세트에서 예약 시간을 조회하여 안내해 줍니다.

> 만날 사람으로 조회를 해서 만날 시간을 확인합니다.

```
예약 시간 확인 ▼ 신호를 받았을 때
예약 시간 ▼ 를 " " 로 설정
예약 시간 ▼ 를 만날 시간 확인 ▼ 데이터 세트에서 만날 사람 ▼ 키 값으로 조회 로 설정
음성합성(TTS) 한국어 ▼ " 어서 오세요."
음성합성(TTS) 한국어 ▼ 만날 사람 ▼
음성합성(TTS) 한국어 ▼ " 과 "
음성합성(TTS) 한국어 ▼ 예약 시간 ▼
음성합성(TTS) 한국어 ▼ " 에 예약되어 있습니다."
```

❽ 프로젝트에서 제공한 차량번호를 번갈아 가며 카메라에 비추고 실습해 보세요.

실전 문제

실전 문제 풀이 안내

각 문항에 주어진 블록을 활용하여 프로그램을 완성해 보세요.

- 〈문제 출제 블록〉(-- 이 블록을 바꾸세요 -- , ? 등)을 삭제하고, 그 자리에 아래 **주어진 블록만을 사용**하여 코딩합니다(다른 블록 사용 불가).
- 한 블록을 여러 번 사용할 수 있으며 블록 안의 문자, 숫자, 기호 등을 적절히 변경합니다.

1

영어 텍스트가 쓰여 있는 사진을 한국어로 자동 번역해 주는 프로그램을 코딩하시오.

조건
1. 지니를 부르고, 번역할 이미지를 삽입한다.
2. 이미지에 있는 영어 텍스트를 감지하고 해당 글자를 한국어로 번역하여 안내한다.

Love를 한국어로 번역하면 사랑입니다.

```
시작버튼을 클릭했을 때
음성합성(TTS) 한국어 " 영어를 한국어로 자동 번역합니다. "
음성합성(TTS) 한국어 " 지니를 부르고, 번역할 사진을 보여주세요. "
" 지니야 " 호출어 감지시 반복 실행
  이미지 삽입하기
  -- 이 블록을 바꾸세요 --
  음성합성(TTS) 한국어 -- 이 블록을 바꾸세요 --
  음성합성(TTS) 한국어 " 를 한국어로 번역하면 "
  음성합성(TTS) 한국어 -- 이 블록을 바꾸세요 --
  음성합성(TTS) 한국어 " 입니다. "
```

*사이트에서 제공하는 학습 자료를 다운로드하여 활용하세요.

활용할 블록

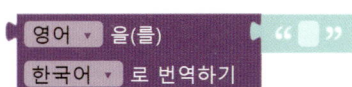

[이미지 ▾ 텍스트 감지하기]   [1 ▾ 번째 텍스트]   [영어 ▾ 을(를) 한국어 ▾ 로 번역하기 " "]

01 광학 문자 인식(OCR) _ 121

2

도서관 회원 카드 이미지를 인식하면, 대출 도서 현황을 알려주는 코드를 완성하시오.

조건

1. 다음과 같은 키와 값으로 '대출 도서' 데이터 세트를 추가한다.

키	값
330930	행복한 청소부
123121	아낌없이 주는 나무

2. 회원 카드 이미지를 삽입한 후, 회원 번호가 6글자인지 확인한다.
3. 회원 번호가 6글자일 경우 해당 회원의 대출 도서 현황을 알려주고, 아닐 경우 "번호가 확인되지 않습니다."라고 말한다.
4. 해당 회원 번호의 데이터가 없으면, "대출한 도서가 없습니다."라고 말한다.

 주의: 데이터 세트의 키와 값을 정확히 입력한다(값이 다른 경우 오답 처리됨).

```
시작버튼을 클릭했을 때
음성합성(TTS) 한국어 " 도서 대출 현황을 확인할 수 있습니다. "
음성합성(TTS) 한국어 " 회원 카드를 인식시켜 주세요. "
카드 인식 신호 보내고 기다리기
만약 카드번호 = " "
하기  음성합성(TTS) 한국어 " 카드 번호를 다시 확인해주세요. "
아니라면 음성합성(TTS) 한국어 문장 카드번호 에 글자 " 번호가 확인되었습니다. " (을)를 덧붙이기
        대출도서 확인 신호 보내고 기다리기


카드 인식 신호를 받았을 때
카드번호 를 " " 로 설정
이미지 삽입하기
-- 이 블록을 바꾸세요 --
만약 다음 문장의 문자 개수 2 번째 텍스트 = 6
하기  카드번호 를 -- 이 블록을 바꾸세요 -- 로 설정
아니라면 음성합성(TTS) 한국어 " 번호가 확인되지 않습니다. "
```

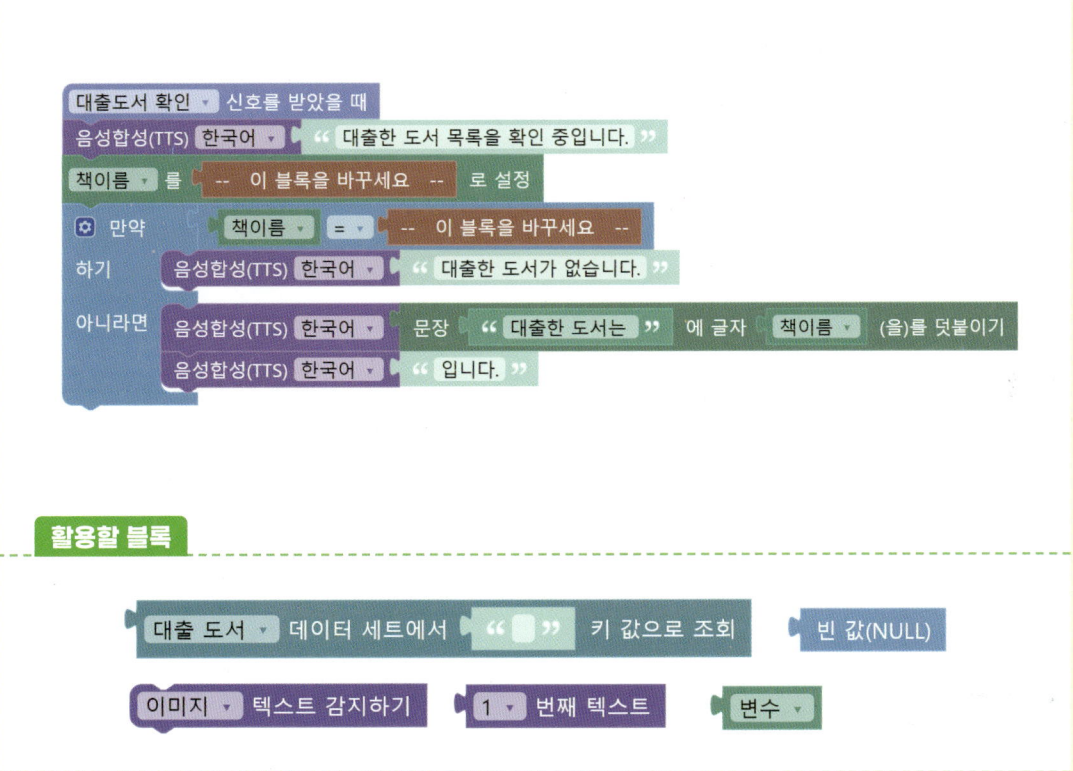

활용할 블록

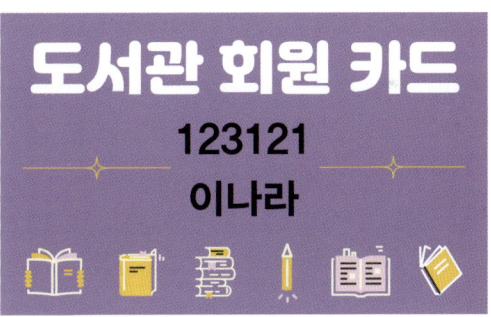

*사이트에서 제공하는 학습 자료를 다운로드하여 활용하세요.

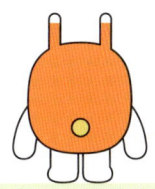

02 안면 인식 기술과 감정 분석

서로 얼굴이 닮은 쌍둥이를 기계가 구분할 수 있을까요?

1 안면 인식이란?

안면 인식 기술은 지문, 홍채 인식 기술들과 마찬가지로 장치 또는 소프트웨어로 사람의 생체 데이터를 측정하여 구분하는 생체 인식 기술의 일부입니다. 컴퓨터는 안면 인식 기능을 사용하여 얼굴의 특징, 특성 및 치수를 매핑하고 그 정보를 엄청난 수의 얼굴 데이터베이스와 비교하여 사람을 식별하거나 확인합니다.

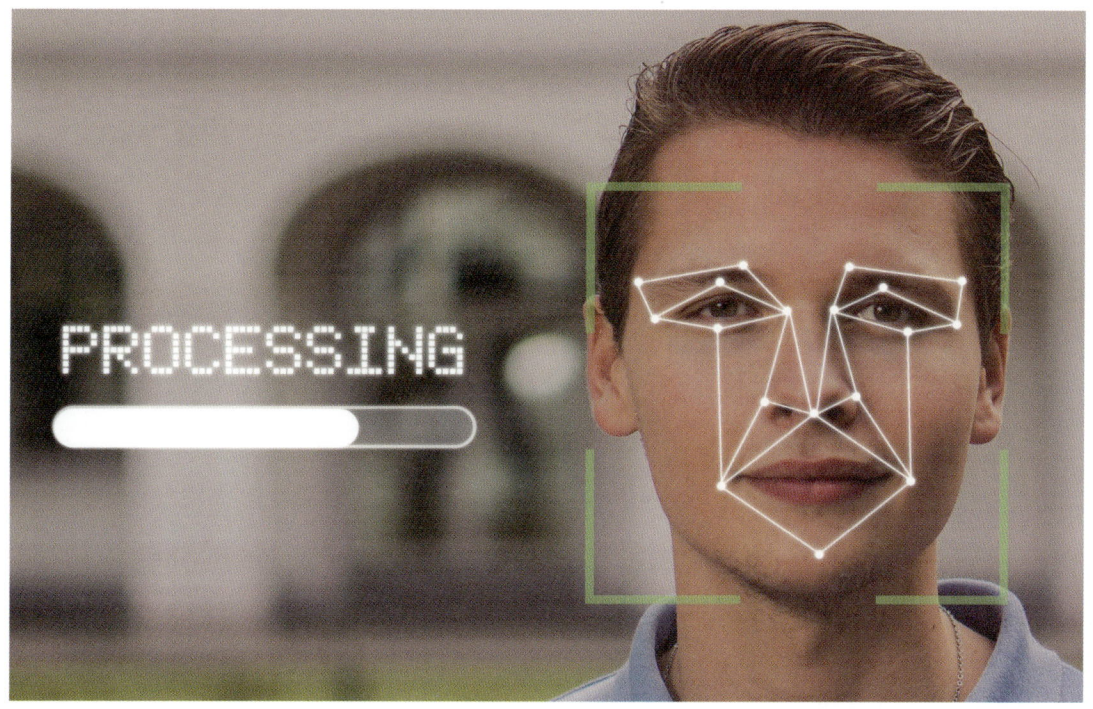

> **Tip**
> - **홍채 인식:** 홍채는 눈동자 주변에 있는 도넛 모양의 막으로 사람마다 모양이 달라서 사람을 구별하는 생체 인식 기술로도 쓰입니다.
> - **매핑:** 사실적인 묘사를 위해 평면의 이미지를 입체적으로 변환하는 컴퓨터 애니메이션 기법입니다.
> - **안와:** 안구(눈알)가 들어가는 얼굴 뼈의 빈 공간입니다.

2 사진의 얼굴 인식 코딩하기

☑ 인공지능( ) 카테고리에서 아래의 명령 블록을 가져와 코딩하고 프로그램을 실행해 보세요.

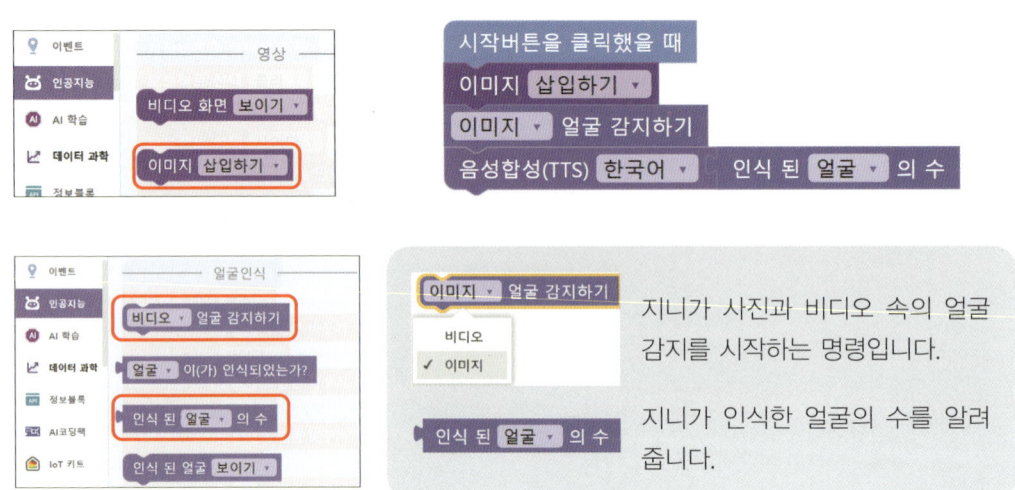

☑ 블록을 사용하면 어떤 얼굴이 인식되었는지 얼굴 주변의 사각형 모양을 보고 알 수 있습니다.

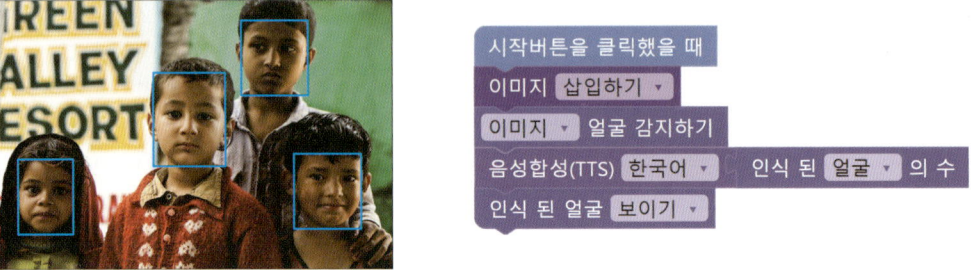

＊사이트에서 제공하는 학습 자료를 다운로드하여 활용하세요.

3 비디오 화면의 얼굴 인식 코딩하기

☑ 인공지능( ) 카테고리에서 아래의 명령 블록을 가져와 코딩하고 프로그램을 실행해 보세요.

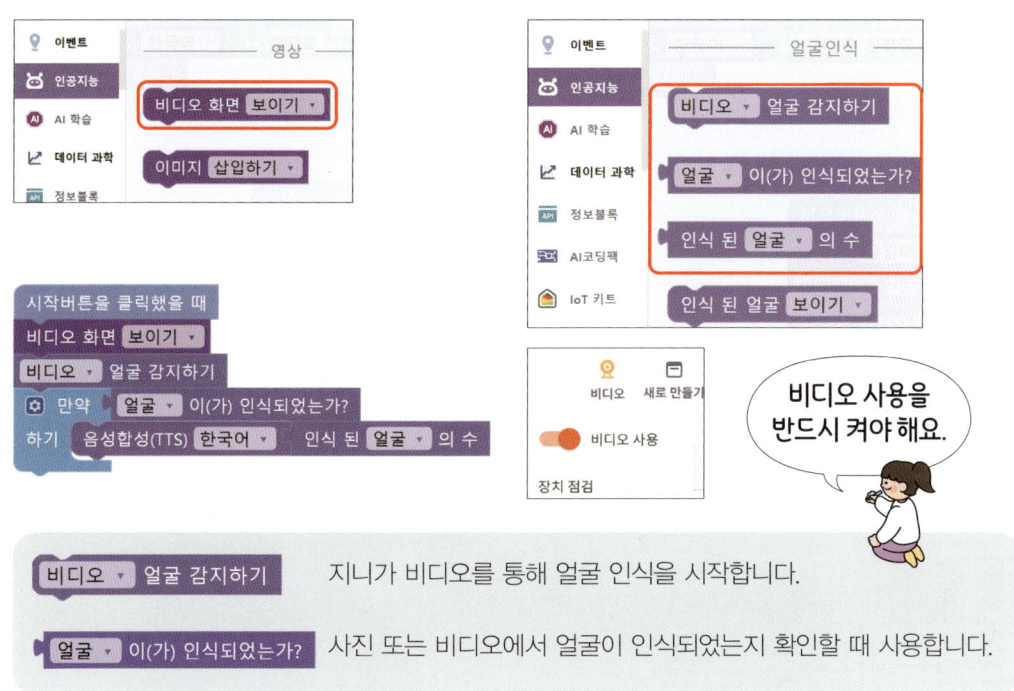

☑ 아래와 같이 명령 블록을 수정하고 실행해 보세요. 지니가 어떤 말을 하나요?

4 감정 분석 기술

2014년 소프트뱅크에서 세계 최초의 감정 인식 로봇인 페퍼(Pepper)를 발표했습니다. 페퍼는 시각, 청각, 촉각 센서를 통해 표정과 목소리의 변화를 감지하고 클라우드 컴퓨팅으로 사람의 감정을 알아차립니다. 이처럼 인간의 감정을 데이터화 하는 기술을 '감정 인식 기술'이라고 합니다.

1990년대 말 심리학자 폴 에크만이 상대의 거짓말 여부를 파악하기 위해 눈썹의 오르내림, 동공의 크기, 입꼬리의 위치 등 얼굴 근육의 움직임을 통해 드러나지 않은 감정을 알아내는 기술을 개발하였지만 크게 활용되지는 않고 있었습니다. 그러나 최근 AI 기술의 발전과 더불어 고도화된 감정 인식 기술이 등장하면서 로봇과 사용자 간 상호작용을 하는 다양한 서비스가 등장하고 있습니다.

〈감정 인식 중인 로봇〉

 **감정 인식 활용 분야**

〈졸음 운전 방지〉

〈기분에 맞는 제품 추천〉

〈반려 로봇〉

❺ 얼굴 감지와 감정 분석을 활용한 코딩하기

◆ **사진 감정 분석하기**

☑ 인공지능 카테고리의  명령 블록을 가져와 코딩하고 실행해 보세요.

```
시작버튼을 클릭했을 때
이미지 삽입하기
이미지 ▼ 얼굴 감지하기
음성합성(TTS) 한국어 ▼  1 ▼ 번째 얼굴의 감정해석
```

*이미지는 사이트의 학습 자료에서 다운로드하여 활용하세요.

◆ **비디오 화면 감정 분석하기**

☑ 지니를 호출하면, 비디오 화면의 얼굴을 감지하여 감정을 분석해 주는 프로그램을 작성해 보세요.

```
시작버튼을 클릭했을 때
음성합성(TTS) 한국어 ▼  "감정 인식 인공지능 프로그램입니다."
음성합성(TTS) 한국어 ▼  "지니를 부른 후 화면에 얼굴을 보여주세요."
"지니야" 호출어 감지시 반복 실행
    비디오 화면 보이기 ▼
    비디오 ▼ 얼굴 감지하기
    감정상태 ▼ 를  1 ▼ 번째 얼굴의 감정해석  로 설정
    음성합성(TTS) 한국어 ▼  문장결합 "현재 감정 상태는"
                                  감정상태
                                  "입니다."
```

프로젝트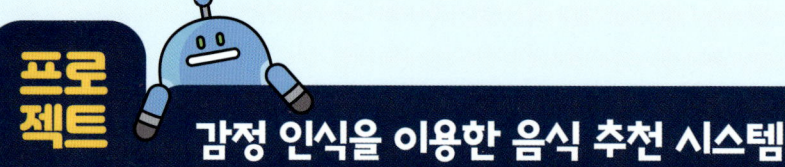
감정 인식을 이용한 음식 추천 시스템

감정 인식을 이용하여 음식을 추천해 주는 시스템을 만들어 보세요.

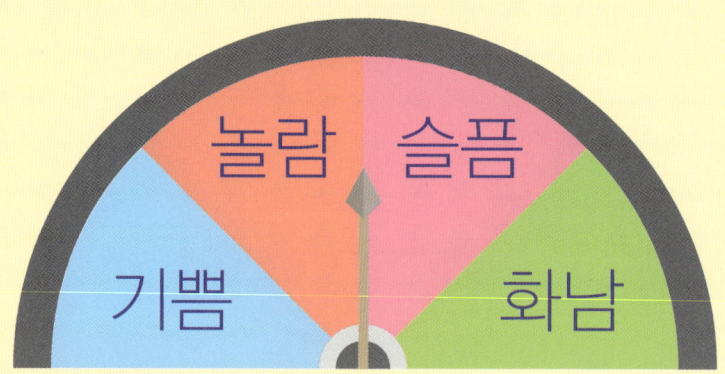

프로그램의 흐름

① 음성으로 "지니야"를 호출하고 얼굴 인식을 시작합니다.
② 화면에 보이는 얼굴 이미지에 얼굴이 들어오도록 카메라의 각도와 거리를 조절합니다.
③ 얼굴이 인식되면 감정을 분석하고 기분에 맞는 음식 메뉴를 추천합니다.

조건 감정 해석 블록을 활용하여 사용자의 감정을 구분한다.

❶ 무엇이 필요할까요?

`1▼ 번째 얼굴의 감정해석`

해석된 감정을 불러오는 블록

`함수 얼굴 인식 사용: x`

값을 전달할 수 있는 매개 변수가 있는 함수

❷ 각각의 장면에 오브젝트를 추가하고 그림과 같이 배치합니다.

〈장면1: 눈감은 얼굴 아이콘, 전환 아이콘〉   〈장면2: 룰렛판, 화살〉

화살 오브젝트가 룰렛판 오브젝트보다 위쪽에 있어야 실행했을 때 화살이 보입니다.

〈장면2〉에서 사용하는 오브젝트가 화면에 보이지 않도록 숨겨 주세요.

❸ 카메라에 찍힌 사람의 감정이 '기쁨'일 때 어떤 음식을 추천할지 리스트로 만듭니다. '슬픔', '놀람', '화남', '감정 없음'의 감정에 대해서도 리스트를 만듭니다.

02 안면 인식 기술과 감정 분석 _ 131

> 프로젝트

❹ "지니야" 호출어를 이용하여 감정 인식 시스템이 동작하도록 코딩합니다.

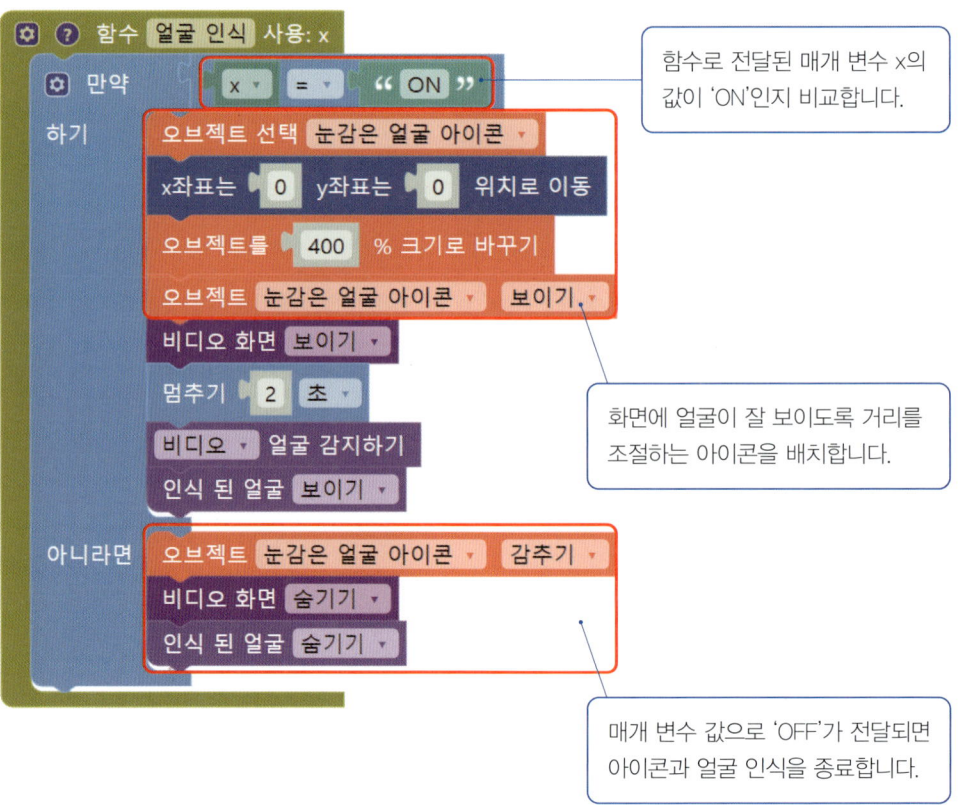

❺ 'ON', 'OFF' 값을 전달하여 아이콘과 얼굴 인식 기능을 제어하는 함수를 코딩합니다.

❻ 5번에서 만든 얼굴 인식 함수를 이용하여 인식된 얼굴의 수를 확인하도록 코딩합니다.

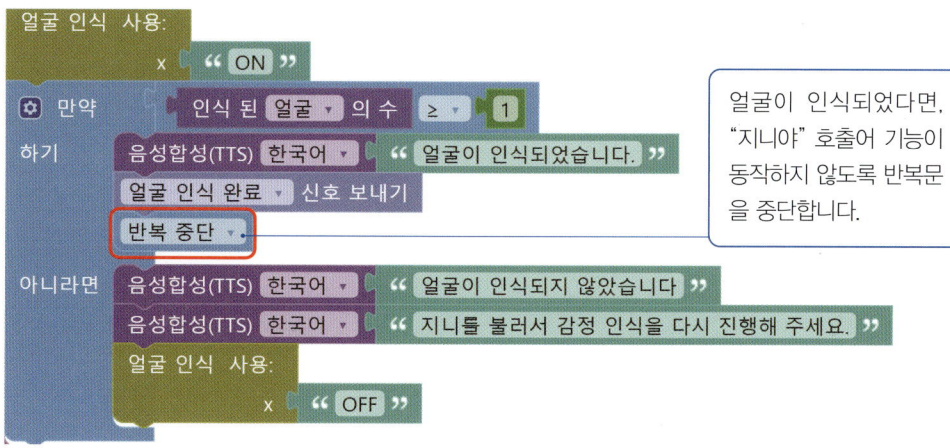

얼굴이 인식되었다면, "지니야" 호출어 기능이 동작하지 않도록 반복문을 중단합니다.

❼ 〈장면1〉과 〈장면2〉에서 동시에 사용할 수 있는 변수가 필요합니다. 속성 탭의 X 변수 추가 를 이용하여 변수를 추가합니다.

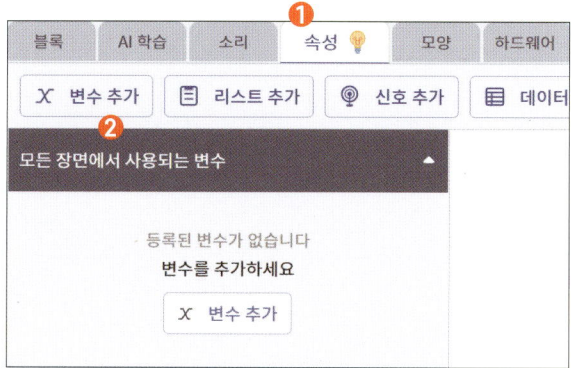
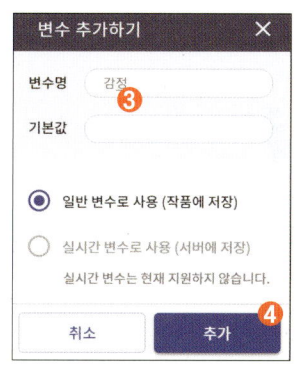

> 프로젝트

❽ 인식된 얼굴의 감정을 분석하도록 `얼굴 인식 완료 ▼ 신호를 받았을 때` 의 동작을 코딩합니다.

```
[얼굴 인식 완료 ▼ 신호를 받았을 때]
[음성합성(TTS) 한국어 ▼ "감정 분석을 시작합니다."]
┌─────────────────────────────────────┐
│ 얼굴 인식 사용:                      │
│         x    "OFF"                   │
│ 오브젝트 선택  전환 아이콘 ▼         │
│ 오브젝트를  200  % 크기로 바꾸기     │
│ 오브젝트  보이기 ▼                   │
│ 방향을  1080  도 만큼 회전하기       │
└─────────────────────────────────────┘
[감정 ▼ 를 1 ▼ 번째 얼굴의 감정해석 로 설정]
[장면 2 ▼ 시작하기]
```

- 원 모양의 전환 아이콘이 3번(1080도) 회전하도록 코딩하여 AI가 감정 해석 중임을 표현합니다.
- 분석된 감정을 감정 변수에 저장합니다. 저장된 값은 모든 장면에서 사용할 수 있습니다.

Tip `속성` 탭에서 만든 변수는 모든 장면에서 사용이 가능합니다. 이러한 변수를 전체 영역에서 사용할 수 있다고 하여 '전역 변수'라고 부릅니다.

❾ 〈장면2〉가 시작되면 〈장면1〉에서 해석한 감정과 어울리는 메뉴를 추천하는 코딩을 합니다.

```
[장면이 시작되었을 때]
[룰렛 준비 ▼ 신호 보내고 기다리기]
[음성합성(TTS) 한국어 ▼ "감정 분석이 완료되었습니다."]
[음성합성(TTS) 한국어 ▼ "당신의 현재 감정은"]
[음성합성(TTS) 한국어 ▼ (문장결합 감정 ▼ "입니다.")]
[룰렛 이동 ▼ 신호 보내고 기다리기]
[메뉴 추천 ▼ 신호 보내고 기다리기]
```

⑩ 모양 탭의 T 를 이용하여 룰렛판에 '기쁨', '놀람', '슬픔', '화남' 텍스트를 입력합니다.

⑪ 룰렛판 오브젝트와 화살 오브젝트의 크기와 위치 등을 코드로 적절하게 조절합니다.

```
[룰렛 준비] 신호를 받았을 때
오브젝트 선택 [룰렛판]
x좌표는 0 y좌표는 -165 위치로 순간 이동
오브젝트를 300 % 크기로 바꾸기
오브젝트 보이기
오브젝트 선택 [화살]
오브젝트 보이기
x좌표는 0 y좌표는 -165 위치로 순간 이동
```

02 안면 인식 기술과 감정 분석 _ 135

> 프로젝트

❿ 감정에 따라 분류된 음식 리스트 중에서 랜덤으로 하나의 음식을 고르도록 코딩하고, 아래의 코드를 참고하여 '슬픔', '화남', '감정 없음'의 코드도 완성합니다.

❸ 화살이 회전하여 룰렛판 위에 보이는 감정 위치로 이동하도록 코딩합니다.

136 _ 제 4 장 다양한 AI 응용 코딩

실전 문제

실전 문제 풀이 안내

각 문항에 주어진 블록을 활용하여 프로그램을 완성해 보세요.

- 〈문제 출제 블록〉( 등)을 삭제하고, 그 자리에 아래 **주어진 블록만을 사용**하여 코딩합니다(다른 블록 사용 불가).
- 한 블록을 여러 번 사용할 수 있으며 블록 안의 문자, 숫자, 기호 등을 적절히 변경합니다.

1

얼굴을 인식하면 사용자의 기분에 맞춰 노래를 추천해 주는 프로그램을 코딩하시오.

조건
1. 지니를 부르고, 인식할 얼굴 이미지를 삽입한다.
2. 이미지에 얼굴이 인식된 경우, 감정 분석을 진행한다.
3. 얼굴이 인식되지 않은 경우, 다시 시도하라는 안내 메시지를 제공한다.

```
시작버튼을 클릭했을 때
음성합성(TTS) 한국어 "기분에 맞는 노래를 추천해드리겠습니다."
음성합성(TTS) 한국어 "지니를 부른 후 화면에 얼굴을 보여주세요."
"지니야" 호출어 감지시 반복 실행
    이미지 삽입하기
    -- 이 블록을 바꾸세요 --
    만약 -- 이 블록을 바꾸세요 -- ≥ 1
    하기
        음성합성(TTS) 한국어 "얼굴이 인식되었습니다."
        감정 분석 신호 보내고 기다리기
    아니라면
        음성합성(TTS) 한국어 "얼굴이 인식되지 않았습니다."
        음성합성(TTS) 한국어 "지니를 불러서 다시 진행해주세요."
```

활용할 블록

`1 번째 얼굴의 감정해석` `이미지 얼굴 감지하기` `인식 된 얼굴 의 수`

＊이미지는 사이트의 학습 자료에서 다운로드하여 활용하세요.

2 얼굴을 인식하여 사용자의 기분에 어울리는 명언을 읽어주는 프로그램을 코딩하시오.

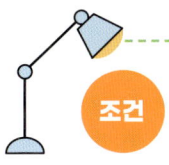

조건
1. 지니를 부르고, 인식할 얼굴 이미지를 삽입한다.
2. 이미지에 얼굴이 인식된 경우, 감정 분석을 진행하고 그에 맞는 명언을 읽어준다.
3. 얼굴이 인식되지 않은 경우, 다시 시도하라는 안내 메시지를 제공한다.

```
시작버튼을 클릭했을 때
음성합성(TTS) 한국어 " 현재 감정에 맞는 명언이나 문구를 읽어드립니다. "
음성합성(TTS) 한국어 " 지니를 불러서 얼굴인식을 시작해 주세요. "
" 지니야 " 호출어 감지시 반복 실행
    -- 이 블록을 바꾸세요 --
    -- 이 블록을 바꾸세요 --
    만약  -- 이 블록을 바꾸세요 --  ≥  1
    하기
        음성합성(TTS) 한국어 " 얼굴이 인식되었습니다. "
        감정 ▼ 를  1 ▼ 번째 얼굴의 감정해석  로 설정
        음성합성(TTS) 한국어  문장 " 현재 감정 상태: " 에 글자 감정 ▼ (을)를 덧붙이기
        -- 이 블록을 바꾸세요 --
    아니라면  음성합성(TTS) 한국어 " 지니를 불러 얼굴 인식을 다시 진행해주세요. "


함수 명언 읽어주기 사용: x
    만약  x ▼  =  " 기쁨 "
    하기   음성합성(TTS) 한국어 " 긍정적인 마음으로 새로운 하루를 맞이하자. "
    다른 경우  x ▼  =  " 슬픔 "
    하기   음성합성(TTS) 한국어 " 슬픔을 딛고 일어나는 순간, 우리는 더 강해진다. "
    아니라면  음성합성(TTS) 한국어 " 어제보다 나은 내일을 위해 오늘 최선을 다하라. "
```

활용할 블록

```
명언 읽어주기 사용:     이미지 ▼ 얼굴 감지하기      인식 된 얼굴 ▼ 의 수
             x           변수 ▼                 이미지 삽입하기 ▼
```

＊이미지는 사이트의 학습 자료에서 다운로드하여 활용하세요.

03 티처블 머신

1 티처블 머신이란?

구글에서 만든 티처블 머신은 머신러닝을 처음 접하는 사람들이 쉽게 배우고, 활용할 수 있도록 도와주는 웹 기반 도구입니다. 2019년 11월 출시되어 일반인들에게 무료로 제공하고 있으며 머신러닝 코드를 작성하지 않고도 컴퓨터가 이미지, 사운드, 자세를 인식하도록 학습시킬 수 있습니다. AI Codiny는 티처블 머신과 연동하여 머신러닝을 할 수 있도록 지원합니다.

https://teachablemachine.withgoogle.com

    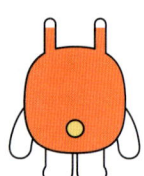

◆ AI Codiny 티처블 머신 학습 화면 구성

티처블 머신을 활용하여 비디오/이미지, 음성, 사람의 자세 등을 학습시켜 작동하는 다양한 프로젝트를 만들 수 있습니다.

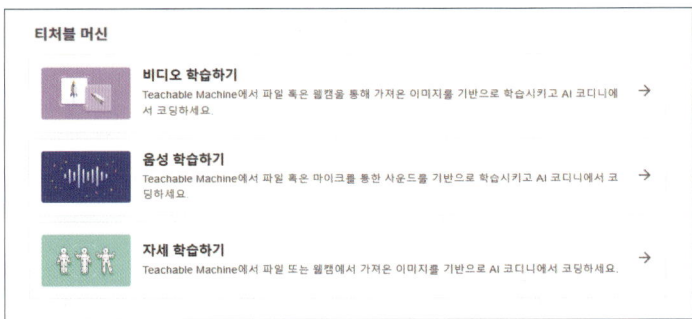

❷ 티처블 머신 비디오 학습하기

AI Codiny와 연동된 티처블 머신을 활용하여 '가위', '바위', '보' 손 모양을 학습시키고, 이를 인식하여 손 모양을 판단하는 프로그램을 코딩해 봅니다.

1. AI 학습 카테고리 지도학습 에서 티처블 머신 티처블 머신 을 선택하고 티처블머신 비디오 학습 을 클릭합니다.

2. 아래 그림의 '티처블 머신 비디오 학습하기'를 클릭하여 티처블 머신 사이트로 이동합니다.

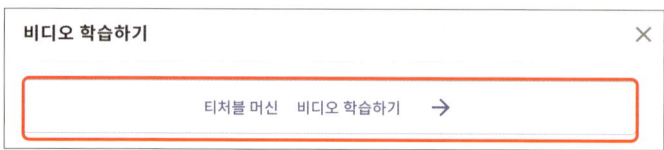

3. 좌측 하단의 클래스 추가 를 눌러 클래스를 추가한 후, 각 클래스의 이름을 '가위', '바위', '보'로 변경합니다.

4. [웹캠] 을 눌러 카메라를 켠 후, [길게 눌러서 녹화하기] 를 클릭하고 손 모양을 녹화합니다.

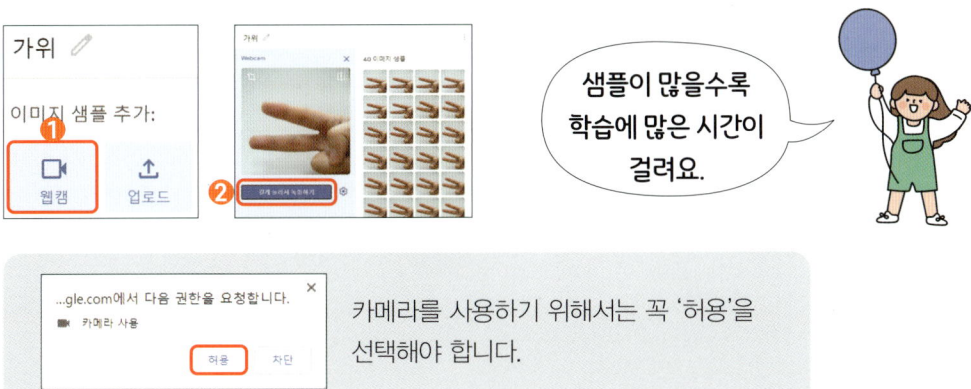

5. 나머지 '바위', '보' 손 모양을 찍은 후 [모델 학습시키기] 를 눌러 티처블 머신에게 학습을 시킵니다.

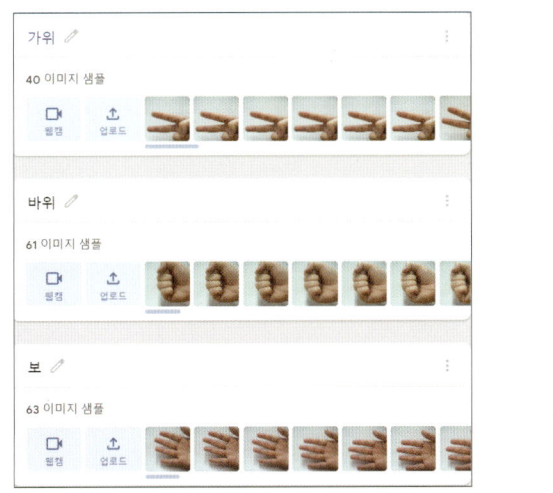

6. [모델 학습 완료됨] 학습이 완료되면, 카메라 앞에 손을 대고 모양을 달리하며 티처블 머신이 손 모양을 잘 학습했는지 인식율을 확인합니다.

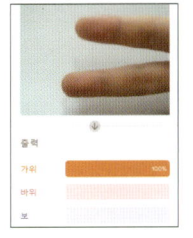
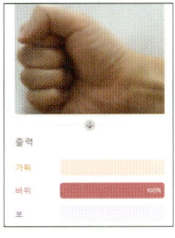
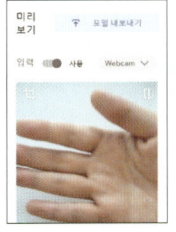

7. 지금까지 학습시킨 티처블 머신을 AI Codiny에서 사용하기 위해서는 두 사이트를 연결해 주는 과정이 필요합니다. ⬆ 모델 내보내기 와 ☁ 모델 업로드 를 클릭하여 업로드를 진행합니다.

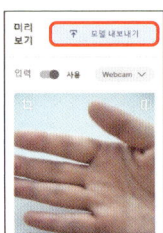

8. 업로드가 완료되면 업로드 중... 에서 ☁ 클라우드 모델 업데이트 로 바뀌며 인터넷 링크가 생성됩니다. 아래 그림의 복사 를 클릭하여 이 주소를 복사합니다.

9. 티처블 머신 탭이 실행되어 있는 상태에서는 티처블 머신을 다시 학습시킬 수 있지만 이 탭을 닫으면 수정할 수 없습니다. 탭을 열어 둔 채로 AI Codiny로 돌아갑니다.

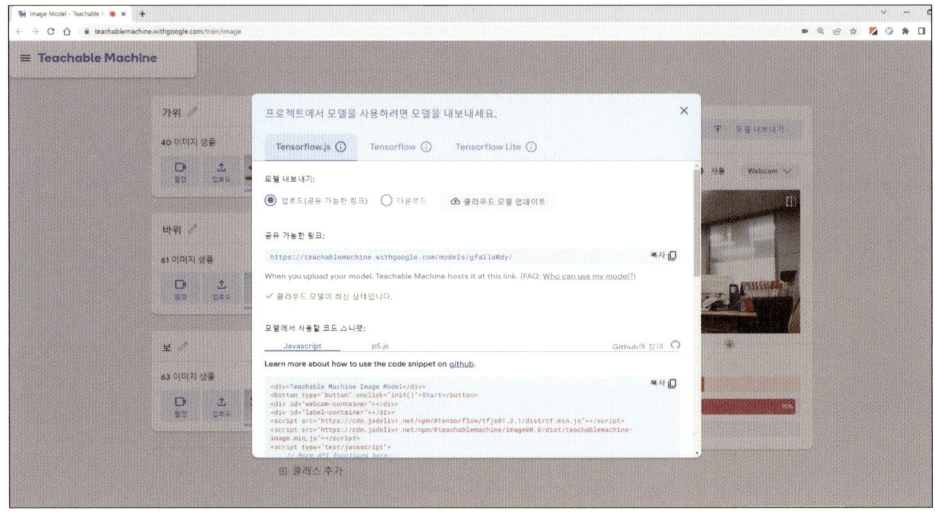

10. AI 학습 에서 티처블 이미지 모델의 주소를 " " 로 설정하기 을 꺼내 앞에서 복사한 인터넷 링크를 붙여 넣고, 아래와 같이 내 손 모양을 판단하는 프로그램을 코딩해 봅니다.

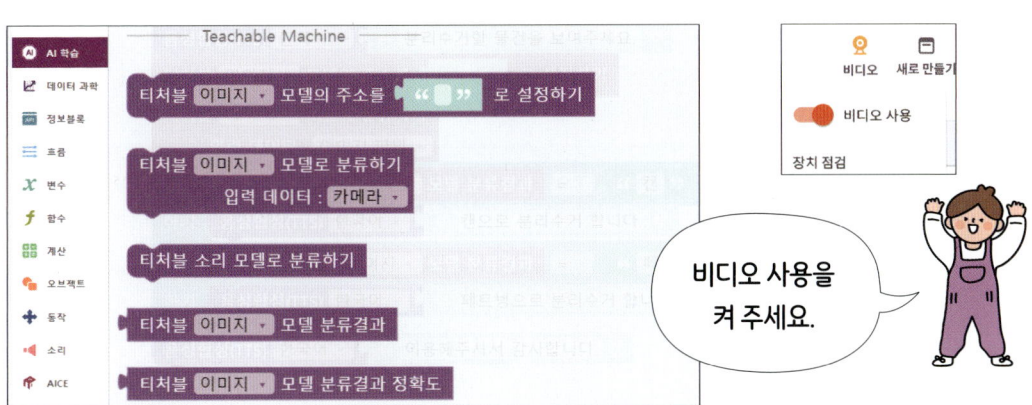

블록	설명
티처블 이미지 모델의 주소를 " " 로 설정하기	티처블 머신에서 학습시킨 모델의 주소를 설정하는 명령입니다.
티처블 이미지 모델로 분류하기 입력 데이터 : 카메라	인공지능 모델이 학습한 내용을 기반으로 카메라 영상을 분석합니다.
티처블 이미지 모델 분류결과	인공지능 모델이 분류한 결과를 알려주는 명령 블록입니다.
티처블 이미지 모델 분류결과 정확도	인공지능 모델의 분류한 결과의 정확도를 알려 주는 명령 블록입니다.

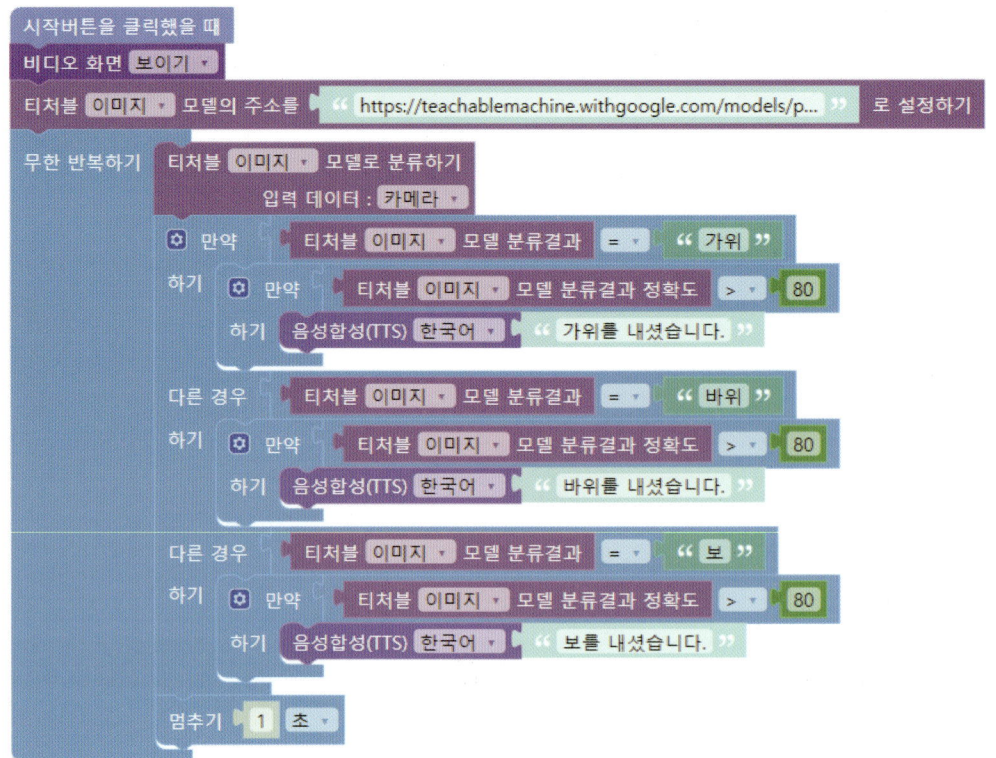

> **Tip**
>
> 카메라 영상분석 뿐만 아니라 이미지 파일을 활용하여 모델을 사용할 수도 있습니다. 직접 찍은 사진이나 이미지 파일을 업로드하여 모델로 분류 작업을 수행할 수 있습니다.

프로젝트 : AI 스마트 하우스 프로그램

주인의 얼굴을 판단해 문을 자동으로 열어주는 스마트 하우스를 만들어 보세요.

프로그램의 흐름

① 프로그램을 실행하면 인공지능 지니가 카메라에 보이는 사람이 등록된 출입자인지 판단합니다.
② 등록된 출입자일 경우에만 지니가 현관문을 열어줍니다.
③ 등록된 출입자가 입장한 후 3초가 지나면 자동으로 현관문을 닫습니다.

조건 티처블 머신을 사용하여 출입자의 얼굴을 등록한다.

❶ 무엇이 필요할까요?

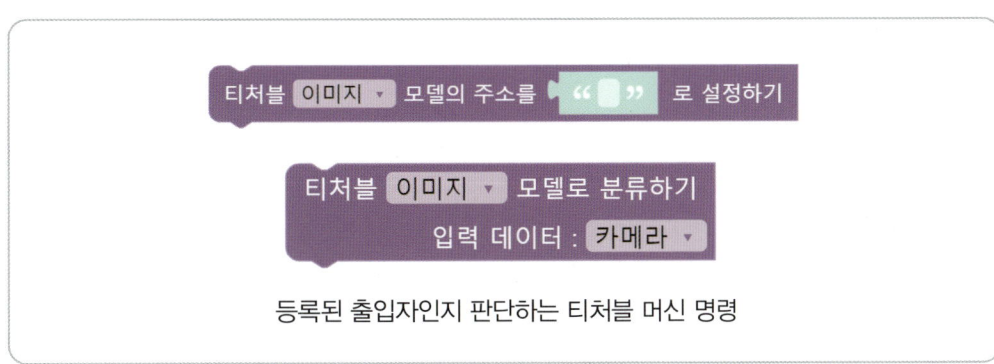

> 프로젝트

❷ 오브젝트를 자유롭게 추가하여 스마트 하우스를 꾸며 보세요.

❸ 프로그램을 실행하면 초기의 오브젝트 보이기, 감추기 상태를 설정합니다.

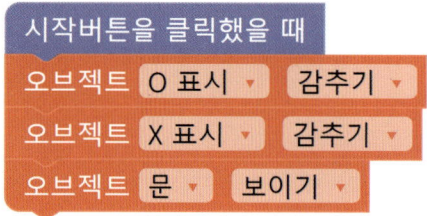

❹ 티처블 머신 사이트로 이동해서 스마트 하우스에 출입할 '아빠', '엄마', '나'와 같이 등록 대상자의 클래스들을 만들고 학습시킵니다.

  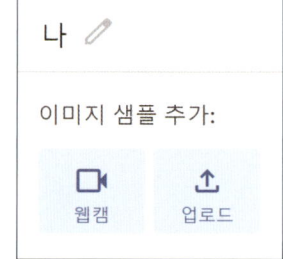

＊이미지는 사이트의 학습 자료에서 다운로드하여 활용하세요.

❺ 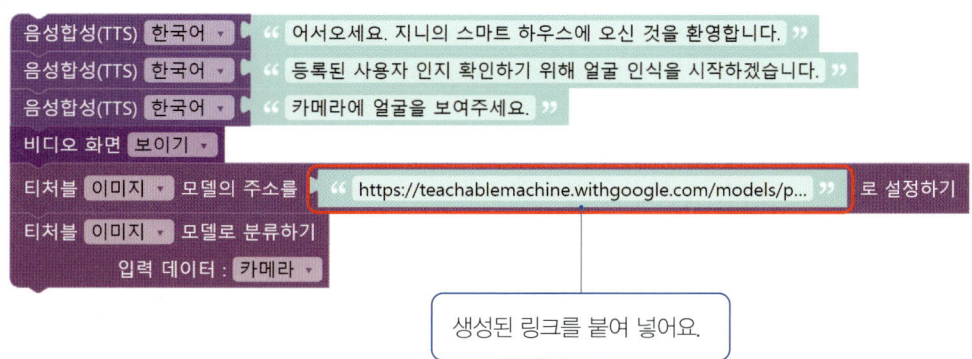 로 생성된 링크를 복사한 후, AI Codiny로 돌아와서 얼굴 인식을 할 준비를 합니다.

생성된 링크를 붙여 넣어요.

❻ 티처블 머신의 결과를 이용해서 등록된 출입자와 외부인을 구분하도록 코딩을 합니다.

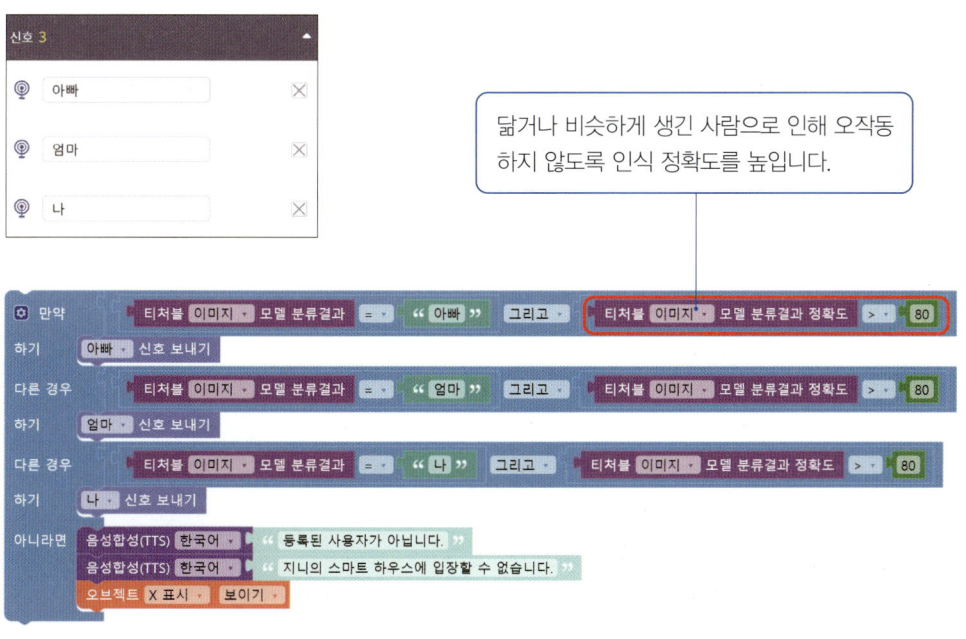

닮거나 비슷하게 생긴 사람으로 인해 오작동 하지 않도록 인식 정확도를 높입니다.

> 프로젝트

❼ 등록된 출입자일 경우, 문을 열고, 3초 후 문을 닫도록 코딩한 후, 아래의 코드를 참고하여 '아빠', '나'의 신호를 모두 완성합니다.

```
[엄마] 신호를 받았을 때
음성합성(TTS) [한국어] " 등록된 사용자로 확인되었습니다. "
음성합성(TTS) [한국어] " 어서오세요. "
오브젝트 [O 표시] [보이기]
오브젝트 [문] [감추기]
멈추기 [3] 초
음성합성(TTS) [한국어] 문장 " 엄마 " 에 글자 " 님이 입장하셨습니다. " (을)를 덧붙이기
음성합성(TTS) [한국어] " 문이 닫힙니다. "
오브젝트 [문] [보이기]
```

❽ 스마트 하우스에 방문할 다양한 연령대의 사람들을 추가해 보세요.

실전 문제

실전 문제 풀이 안내

각 문항에 주어진 블록을 활용하여 프로그램을 완성해 보세요.

- 〈문제 출제 블록〉(-- 이 블록을 바꾸세요 -- , ? 등)을 삭제하고, 그 자리에 아래 **주어진 블록만을 사용**하여 코딩합니다(다른 블록 사용 불가).
- 한 블록을 여러 번 사용할 수 있으며 블록 안의 문자, 숫자, 기호 등을 적절히 변경합니다.

1

과일을 카메라에 보여주면 가격을 알려주는 프로그램을 코딩하시오.

 조건

1. 시험 플랫폼의 이미지를 다운로드하여 압축을 푼 후 사용할 폴더에 저장한다.
2. 티처블 머신을 활용하여 '사과' 클래스와 '귤' 클래스로 학습시킨다.
3. 과일 사진을 보여주면 가격을 알려주는 프로그램을 코딩한다.
   ※ 코드가 맞는지 여부로 채점을 하고 지도 학습의 정확도는 측정하지 않습니다.
   ※ https://teachablemachine.withgoogle.com에서 모델 생성

```
시작버튼을 클릭했을 때
음성합성(TTS) 한국어 ▼ " 과일을 보여주시면 가격을 알려드립니다. "
-- 이 블록을 바꾸세요 --
티처블 이미지 ▼ 모델로 분류하기
  입력 데이터 : 이미지 파일 ▼
만약  -- 이 블록을 바꾸세요 --  =  " 사과 "
하기 음성합성(TTS) 한국어 ▼ " 사과의 가격은 2000원 입니다. "
다른 경우  -- 이 블록을 바꾸세요 --  =  " 귤 "
하기 음성합성(TTS) 한국어 ▼ " 귤의 가격은 1500원 입니다. "
음성합성(TTS) 한국어 ▼ " 이용해주셔서 감사합니다. "
```

활용할 블록

*이미지는 사이트의 학습 자료에서 다운로드하여 활용하세요.

```
티처블 이미지 ▼ 모델의 주소를 "    " 로 설정하기        티처블 이미지 ▼ 모델 분류결과
```

04 회귀 분석

1 회귀 분석이란?

회귀 분석은 데이터 간의 관계를 파악하여 하나의 변수가 변할 때 다른 변수는 어떻게 변하는지 예측하는 방법입니다. 예를 들어, 연도별 온도 데이터를 분석하면, 해가 바뀜에 따라 온도가 변화하는 경향을 볼 수 있습니다. 이 데이터로 회귀 분석을 하면 100년 뒤의 온도를 예측할 수도 있습니다. 이렇게 회귀 분석은 데이터 간의 관계를 분석하여 어떤 일이 일어날지 예측하는 데 활용됩니다.

회기 분석에는 단순 회귀 분석과 다중 회귀 분석이 있습니다.

단순 회귀 분석은 두 변수 간의 간단한 관계를 찾아내고, 다중 회귀 분석은 여러 변수를 함께 고려하여 더 복잡한 관계를 분석합니다.

예를 들어, '햇빛을 많이 받으면 식물이 더 잘 자란다'라는 주제를 생각해 봅시다.

단순 회귀 분석을 사용하면 햇빛과 식물의 생장 관계를 알 수 있습니다. 햇빛이 많아질수록 식물이 더 잘 자라는 패턴을 찾을 수 있습니다. 그러나 햇빛이 많아도 물이 부족하면 식물이 잘 자라지 않을 수 있습니다. 이때 다중 회귀 분석을 사용하면 햇빛과 물, 두 가지 변수를 함께 고려하여 식물의 생장을 예측할 수 있습니다.

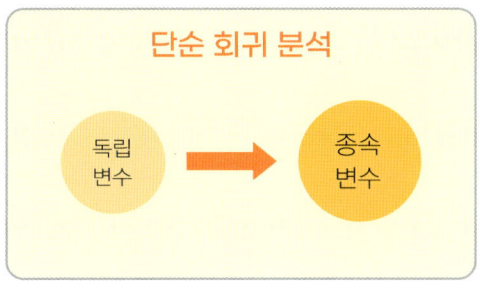 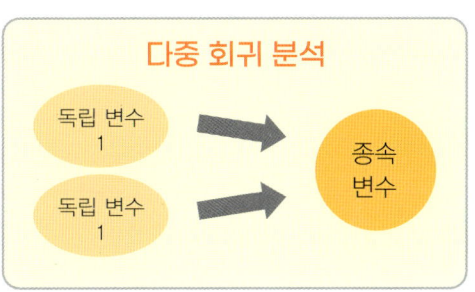

2 미래의 기온 예측하기

단순 회귀 분석을 이용해서 미래의 기온을 예측하는 프로그램을 만들어 봅니다.

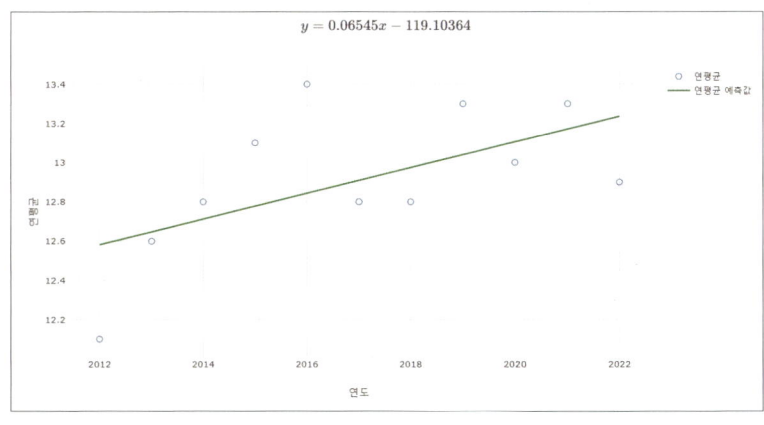

1. 분석에 사용할 데이터를 먼저 살펴보고, AI 학습 〉데이터 과학 〉테이블 불러오기를 선택합니다.

2. 테이블 선택 중에서 '우리나라 계절별 기온 변화'를 선택하고, 불러온 테이블을 저장합니다.

154 _ 제 4 장 다양한 AI 응용 코딩

3. 불러온 테이블의 데이터를 기반으로 요약한 정보와 다양한 종류의 그래프를 활용하여 시각화한 차트를 살펴봅니다.

[테이블 요약]

[라인 그래프]

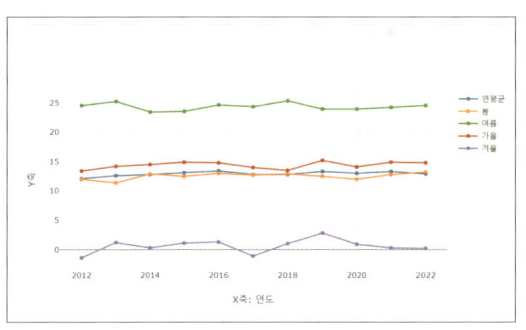

[점 그래프]

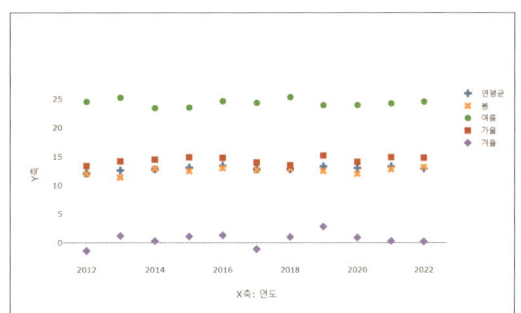

[막대 그래프]

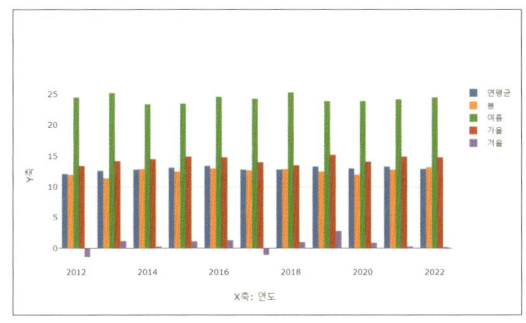

[히스토그램]

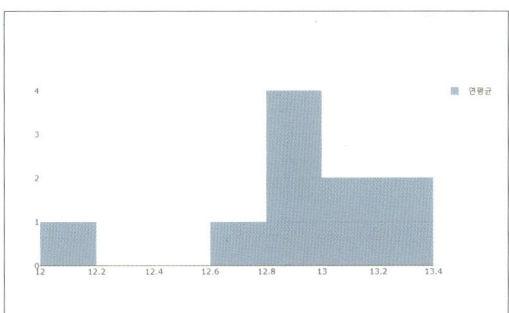

4. 단순 회귀 분석 〉 학습 데이터 테이블 〉 테이블 불러오기를 선택합니다.

04 회귀 분석 _ 155

5. 내 테이블 탭을 누르고, 저장해 두었던 계절별 기온 변화 데이터를 불러옵니다.

6. 학습 데이터 입력의 '컬럼 선택' 버튼을 눌러 학습할 컬럼을 선택합니다.

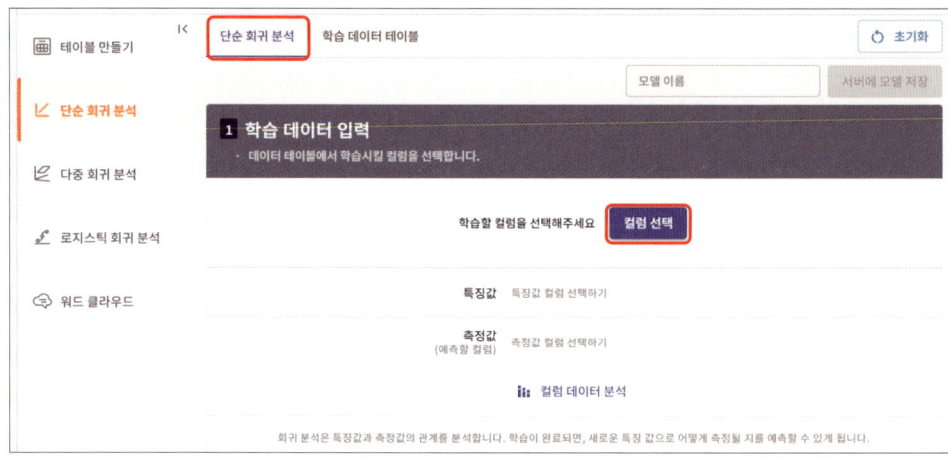

7. 특징 값으로 '연도'를, 측정 값으로 '연평균'을 선택한 후 '완료' 버튼을 클릭합니다.

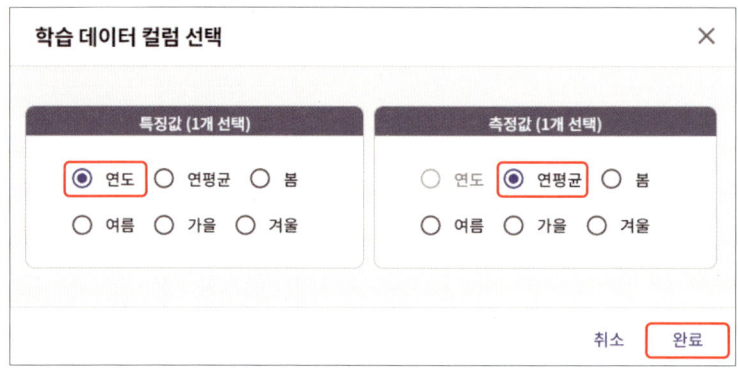

미래의 기온을 예측하기 위해 선택한 데이터는 연도에 따른 평균 기온입니다. 이 데이터를 기반으로 단순 회귀 분석을 수행하여 기온의 추세를 파악하고, 미래의 기온 변화를 예측하려고 합니다.

8. 1차 방정식으로 '학습하기' 버튼을 클릭합니다.

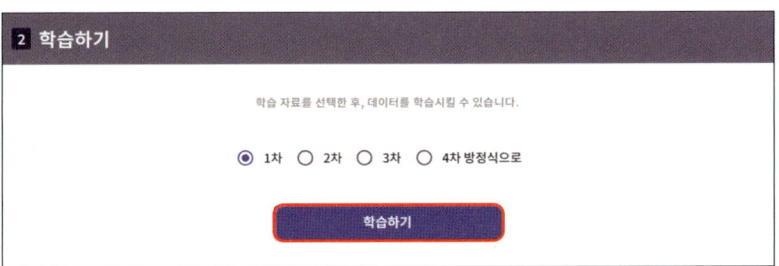

9. 미래의 원하는 연도를 특징 값에 입력하여 연평균 기온을 예측해 봅니다.

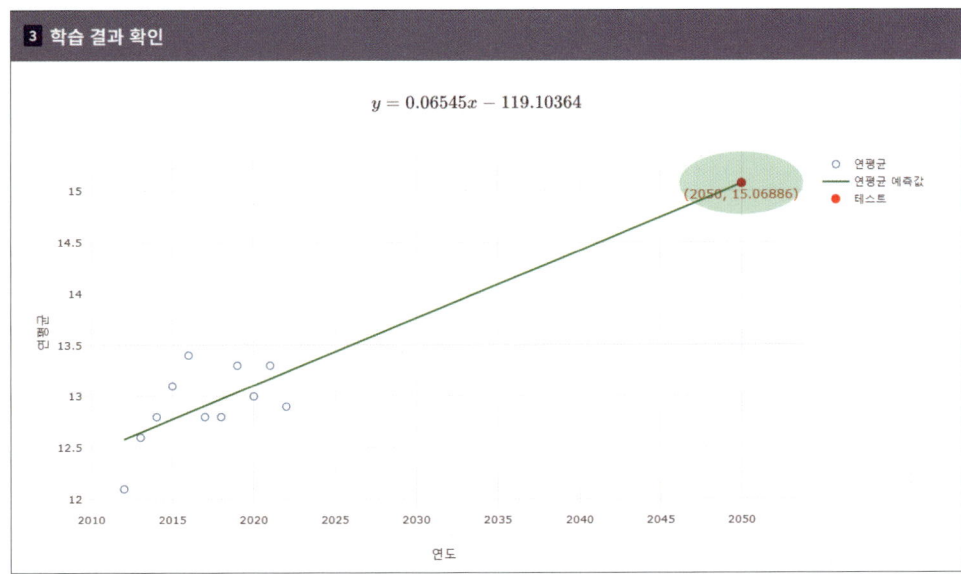

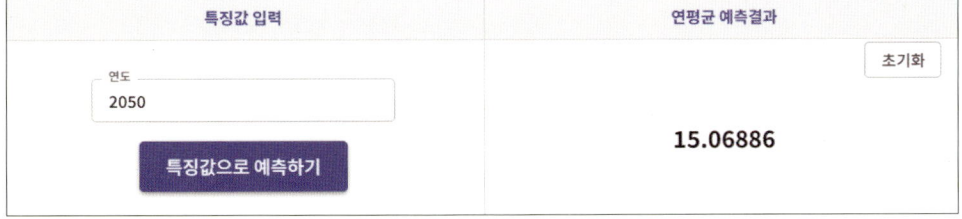

10. 학습한 단순 회귀 분석 모델을 저장합니다.

04 회귀 분석 _ 157

3 연도에 따른 연평균 기온 예측하기

연도에 따라 변화하는 연평균 기온을 예측하는 프로그램을 만들어 봅니다.

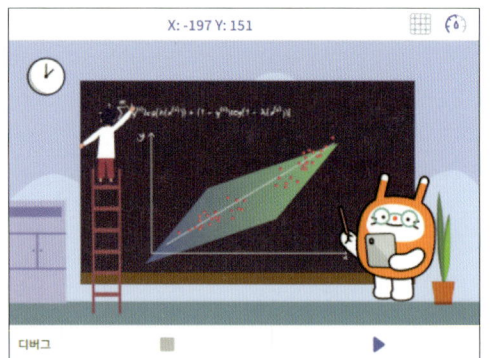
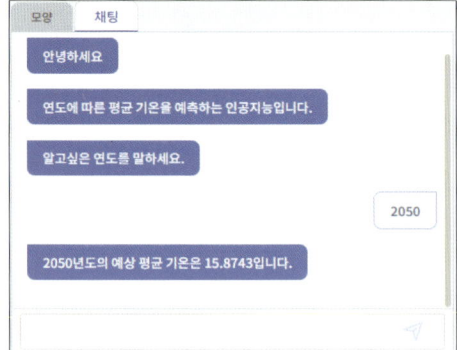

1. 데이터 과학 〉 모델 선택 버튼을 누르고 작품에서 사용할 모델을 선택합니다.

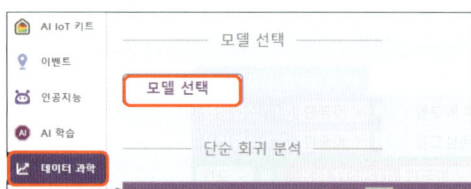

2. 다음과 같이 코딩을 하고, 평균 기온을 알고 싶은 연도를 말하여 모델이 예측한 기온을 확인합니다.

프로젝트: 지구의 이산화탄소 예측 AI 프로그램

단순 회귀 분석 모델을 활용하여 지구의 이산화탄소 농도를 예측하는 프로그램을 만들어 보세요.

프로그램의 흐름

① 두 가지 예측 프로그램 A와 B 중 어떤 예측을 활용할 것인지 입력합니다.
② A의 경우, 원하는 연도를 말하면 해당 연도의 이산화탄소 농도를 예측하여 알려줍니다.
③ B의 경우, 이산화탄소 농도가 500ppm이 처음으로 넘어서는 해를 계산하여 알려줍니다.

1 프로그램의 예상 결과를 확인해 보세요.

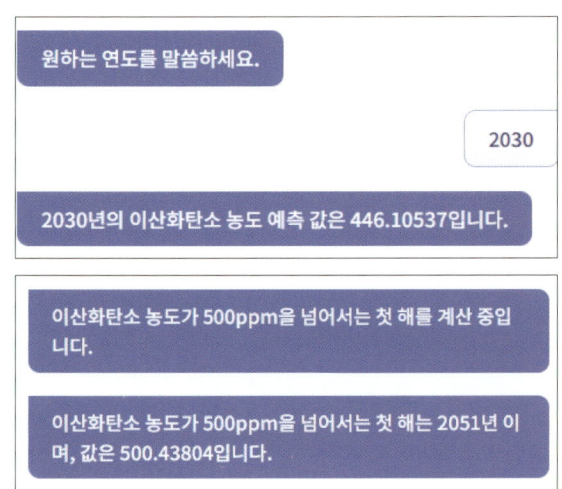

04 회귀 분석 _ 159

❷ 단순 회귀 분석에 활용할 데이터를 가져옵니다.
　(AI 학습 〉 단순 회귀 분석 〉 테이블 불러오기 〉 '지구의 이산화탄소 농도 변화')

❸ 학습할 컬럼을 선택합니다. (특징 값: 연도 , 측정 값: 이산화탄소)

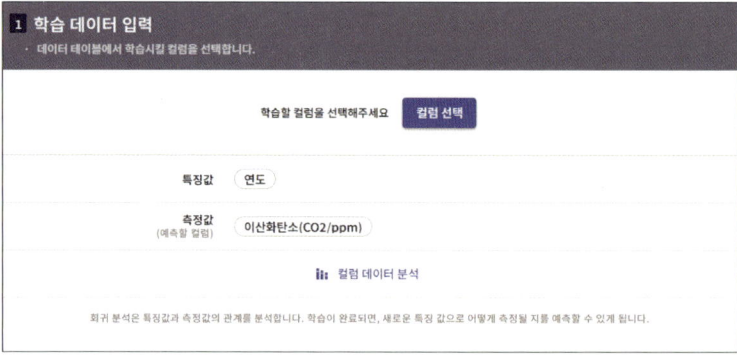

❹ 학습을 시킨 후, 모델 이름을 '이산화탄소 예측'으로 저장합니다.

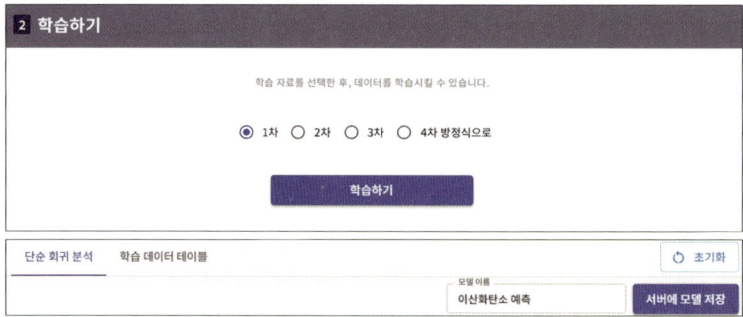

160 _ 제 4 장 다양한 AI 응용 코딩

❺ 프로그램의 사용 방법을 안내하도록 코딩합니다.

❻ 내가 선택한 명령에 따라 각각 다른 스크립트가 실행되도록 코딩합니다.

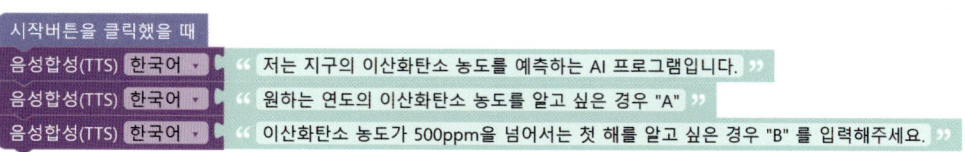

사용자가 선택한 명령에 따라 수행할 신호를 추가합니다.

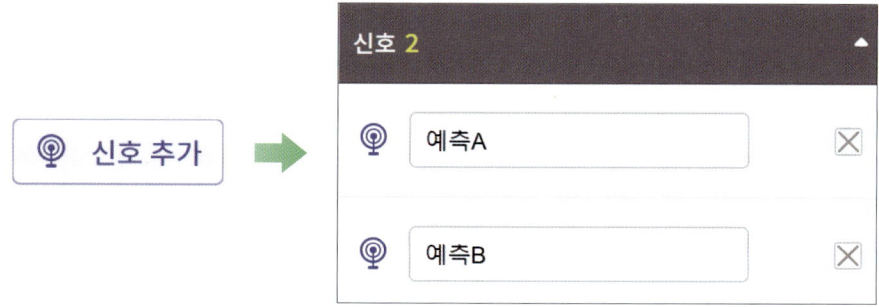

A 또는 B를 입력하지 않고, 다른 문자를 입력했을 경우에는 안내 메시지가 나옵니다.

04 회귀 분석 _ 161

❼ 원하는 연도를 말하면, 해당 연도의 이산화탄소 농도를 예측합니다.

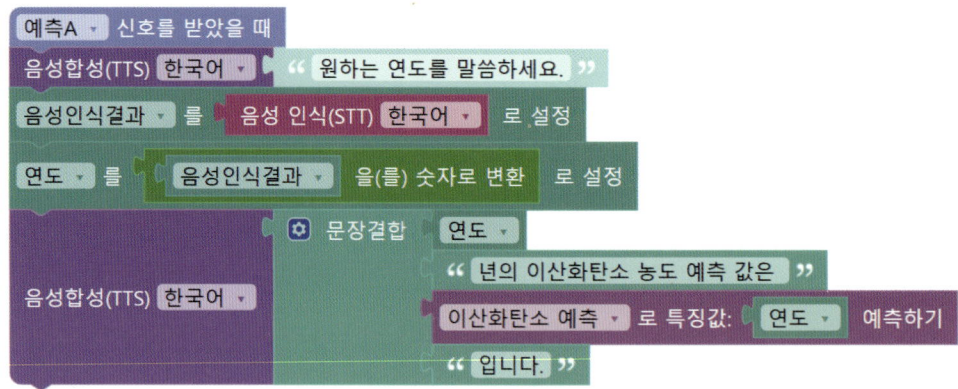

이산화탄소 예측 모델을 선택하기 위해서는 데이터 과학 > 모델 선택에서 사용할 모델을 설정해야 합니다.

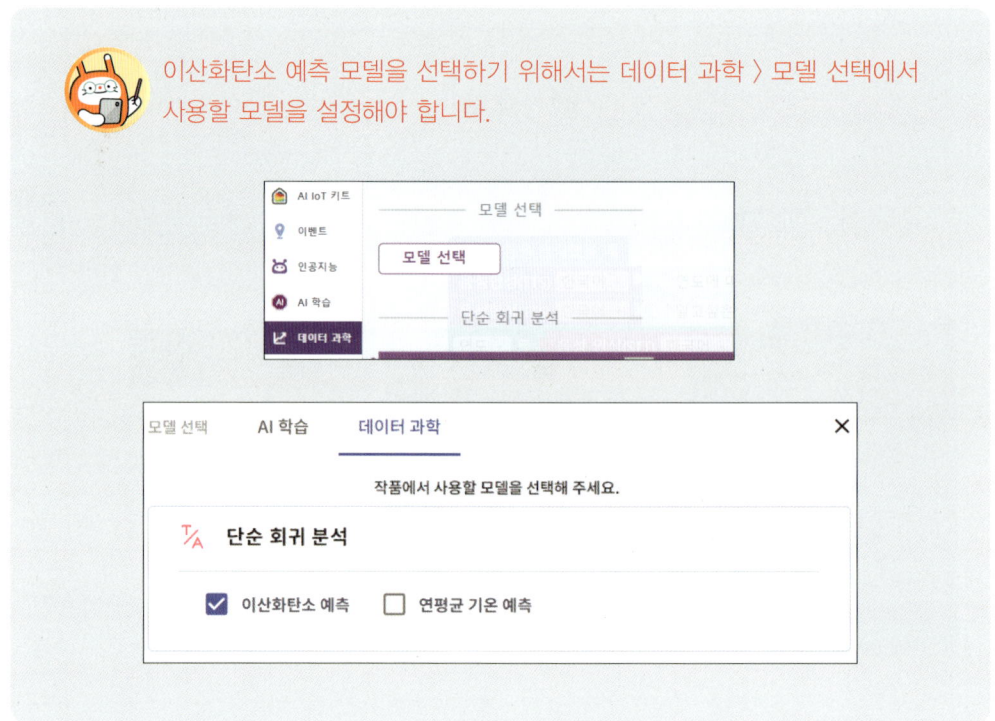

❽ 이산화탄소 농도 값이 500ppm을 넘는 첫 연도를 예측합니다.

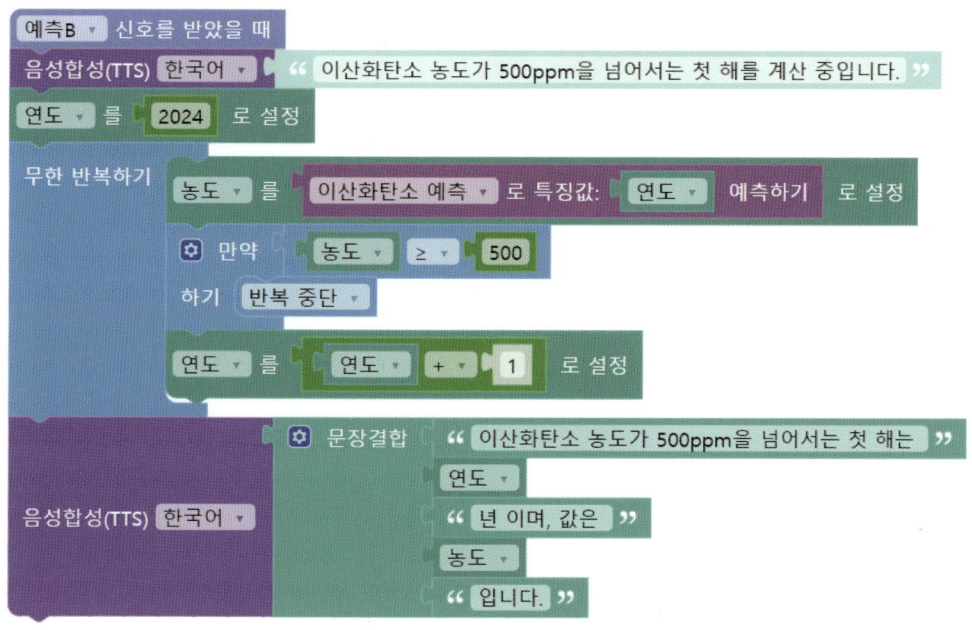

2024년부터 연도가 1년씩 증가함에 따라 매년 변화되는 이산화탄소 농도를 예측하고, 농도가 500ppm 이상일 경우 반복을 멈추어 해당 연도를 알아냅니다.

❾ 코디니에 있는 다른 데이터도 활용하여 단순 회귀 분석을 진행하고, 미래의 값을 예측해 봅니다.

 실전 문제 풀이 안내

각 문항에 주어진 블록을 활용하여 프로그램을 완성해 보세요.

- 〈문제 출제 블록〉(`-- 이 블록을 바꾸세요 --`, `?` 등)을 삭제하고, 그 자리에 아래 **주어진 블록만을 사용**하여 코딩합니다(다른 블록 사용 불가).
- 한 블록을 여러 번 사용할 수 있으며 블록 안의 문자, 숫자, 기호 등을 적절히 변경합니다.

1

2024년 이후 초등학교의 학급당 학생 수가 18명 이하로 감소하는 연도를 예측하는 프로그램을 코딩하시오.

 **조건**
1. 학습 데이터 테이블 중 '초등학생 학급당 학생 수' 데이터를 불러와서 사용한다.
2. 각 연도 별로 '전국' 초등학생 학급당 학생 수를 예측할 수 있는 단순 회귀 분석을 수행하고, 모델명은 '학급당 학생 수 예측'으로 저장한다.
3. 2025년부터 매년 학급당 학생 수를 예측하여 채팅창에 출력한다.
4. 2024년 이후로 초등학생 학급당 학생 수가 18명 이하로 감소하는 연도를 예측하는 프로그램을 작성한다.

활용할 블록

164 _ 제 4 장 다양한 AI 응용 코딩

2

낮 최고기온에 따른 아이스크림 구매금액을 예측하는 프로그램을 코딩하시오.

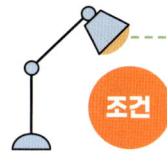

조건
1. 학습 데이터 테이블 중 '기온 및 아이스크림 구매금액' 데이터를 불러와서 사용한다.
2. '최고기온'에 따른 '아이스크림 구매금액'을 예측할 수 있는 단순 회귀 분석을 수행하고, 모델 명은 '아이스크림 구매 예측'으로 저장한다. (※ 1차 방정식으로 학습)
3. 음성 인식으로 원하는 지역을 말하고, API 블록을 활용하여 해당 지역의 낮 최고기온 정보를 가져온다. (※ API 블록 결과는 문자열로 저장된다.)
4. 현재 낮 최고기온에 따른 아이스크림 구매금액을 예측하여 채팅창에 출력한다.

```
[시작버튼을 클릭했을 때]
음성합성(TTS) 한국어 " 최고기온에 따른 아이스크림 구매금액을 예측하는 인공지능 입니다. "
음성인식결과 ▼ 를 [음성 인식(STT) 한국어] 로 설정
낮최고기온 ▼ 를 [-- 이 블록을 바꾸세요 --] 로 설정
만약 [낮최고기온 ≠ 빈 값(NULL)]
하기
    음성합성(TTS) 한국어 [문장결합 음성인식결과
                              " 의 낮 최고기온은 "
                              낮최고기온
                              " 입니다. "]
    예측 ▼ 를 [-- 이 블록을 바꾸세요 --] 로 설정
    채팅창에 [문장결합 음성인식결과
              " 지역의 아이스크림 구매 예측 금액은 "
              예측
              " (억원) 입니다. "] 전송
아니라면
    음성합성(TTS) 한국어 " 해당 지역의 정보가 없습니다. "
```

활용할 블록

[아이스크림 구매 예측 ▼ 로 특징값: 0 예측하기]   [변수 ▼]

[■ 을(를) 숫자로 변환]   [낮최고기온 ▼ 지역 " "]

제 5 장

정보 활용 AI 코딩

01 실시간 공공데이터
02 실시간 공공데이터를 활용한 AI 코딩

01 실시간 공공데이터

1 실시간 공공데이터의 활용

정류장에서 버스를 기다리고 있을 때, 버스 정류장 화면에는 다음 버스가 언제 도착하는지 시간이 표시됩니다. 어떻게 실시간으로 버스 도착 정보를 안내할 수 있을까요?

운행하는 버스에 위성항법장치(GPS)를 설치하여 버스가 이동하는 정보를 인공위성에서 측정해 교통정보센터로 보냅니다. 이 정보는 교통정보센터 서버에 저장되어 가공되고 각 정류장으로 보내서 정류장 모니터에 실시간으로 표시됩니다.

이렇게 버스와 중앙 서버 그리고 버스정류장 간에 데이터를 주고받으며 우리에게 편리한 기능을 제공합니다.

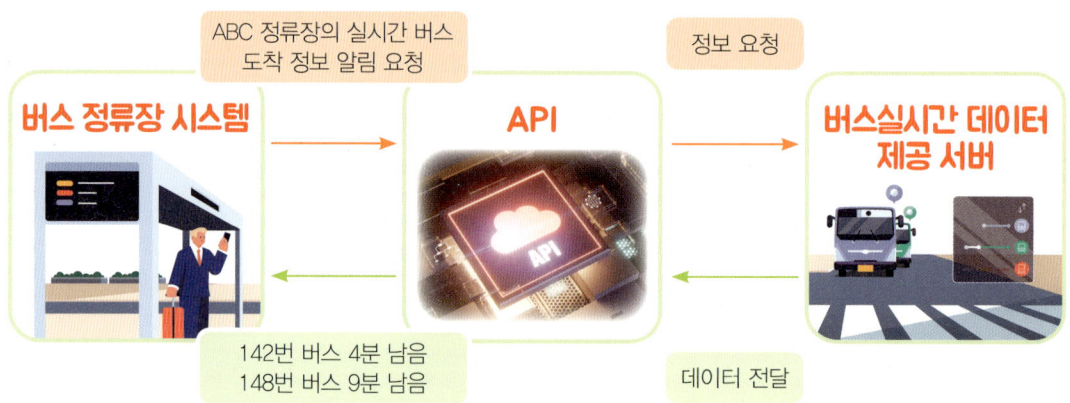

2 공공데이터 포털에서 제공하는 실시간 데이터

〈3장 AI 학습을 위한 데이터 활용〉에서 공공데이터 포털이 제공하는 데이터를 다운받아 활용하는 방법을 배웠습니다. 공공데이터 포털에서는 '자동차 생산량' 같이 고정된 데이터 이외에 버스 운행 정보, 날씨 정보처럼 실시간으로 변화하는 정보도 제공하고 있습니다. 이렇게 실시간으로 제공되는 정보를 활용하면 실생활에 편리한 다양한 프로그램을 코딩할 수 있습니다.

코디니는 공공데이터 포털에서 제공하는 실시간 정보 중 날씨 정보나 미세먼지 정보 등을 코딩 블록에 담아서 사용자가 편리하게 활용할 수 있도록 지원하고 있습니다. 앞에서 이미 날씨 정보나 미세먼지 정보를 활용하여 간단하게 코딩하는 법을 배웠습니다.

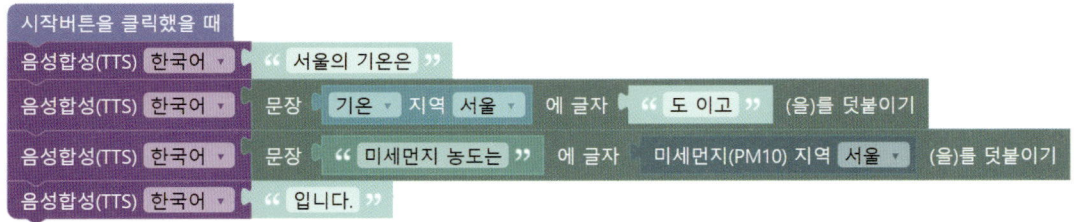

코디니가 모든 실시간 데이터를 블록 코드에 담아 제공하면 우리는 간단하게 코딩할 수 있지만, 수많은 실시간 공공데이터를 모두 코드화하여 제공할 수 없기 때문에 여기서는 공공데이터 포털에서 제공하는 원 데이터를 직접 불러와 코딩하는 법을 알아보겠습니다.

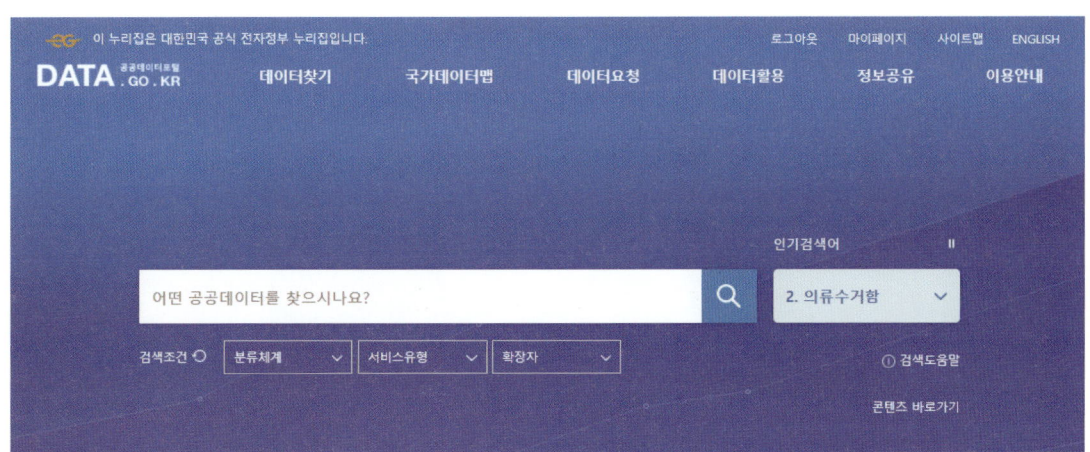

02 실시간 공공데이터를 활용한 AI 코딩

1 API란?

API(Application Programming Interface)는 애플리케이션 프로그래밍 인터페이스의 약자로, 프로그램과 프로그램을 연결해 주는 다리(매개체)와 같은 것입니다. 이를 통해 우리는 날씨, 교통 정보, 인기 영화 등과 같은 다양한 정보를 쉽게 얻을 수 있습니다. API를 활용하면 다른 프로그램에서 제공하는 정보를 규칙에 맞게 가져와 쉽게 사용할 수 있습니다.

〈공공 API〉

〈지도 API〉

〈날씨 API〉

〈인공지능 API〉

2 JSON이란?

API가 프로그램과 프로그램을 연결해 주는 다리라면 JSON은 데이터를 싣고 가는 트럭과 같은 것으로 데이터를 효율적으로 주고받기 위해 표현하는 표준 형식입니다.

JSON은 중괄호({ }) 안에 키와 값을 표시하고 대괄호([ ])와 쉼표(,)로 리스트를 만들어 표현하는데, 누구나 쉽게 이해하고 원하는 정보를 빨리 찾을 수 있습니다. 따라서 JSON은 컴퓨터끼리 정보를 주고받을 때 매우 편리한 방식입니다.

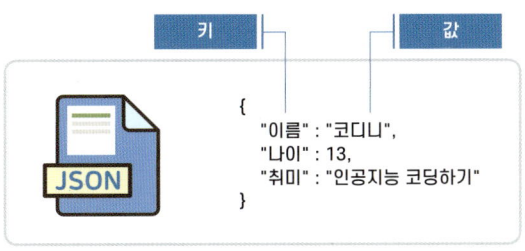

[JSON 형식 데이터의 예]

Tip
프로그램과 프로그램이 데이터를 교환하는 형식으로는 XML과 JSON이 많이 활용되는데, JSON이 가볍고 용량을 적게 차지한다는 장점 때문에 최근에는 XML 대신 JSON을 주로 사용하고 있습니다.

예를 들어, 정류소 별 버스 도착 정보를 조회하는 API를 활용하여 '태평아파트' 정류소의 실시간 도착 정보를 요청한다고 가정해 봅시다. API로 정보를 요청하면 아래와 같은 JSON의 형태로 정보를 돌려줍니다.

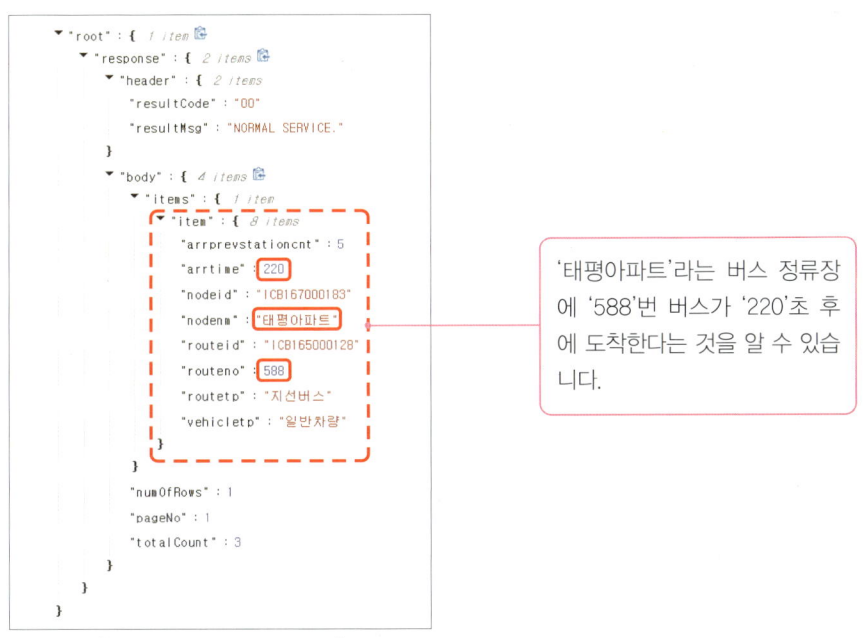

[버스 도착 정보 예시 JSON]

'태평아파트'라는 버스 정류장에 '588'번 버스가 '220'초 후에 도착한다는 것을 알 수 있습니다.

3 코디니에서 외부 API 활용하기

그렇다면 코디니에서 버스 도착 정보를 알려주는 프로그램을 만들 수 있을까요? 코디니에 필요한 외부 API를 직접 추가하여 사용할 수 있습니다. 코디니에서 원하는 외부 데이터를 코딩에 활용하기 위해서는 필요한 API 정보를 코디니 플랫폼에 등록한 다음 사용할 수 있습니다.

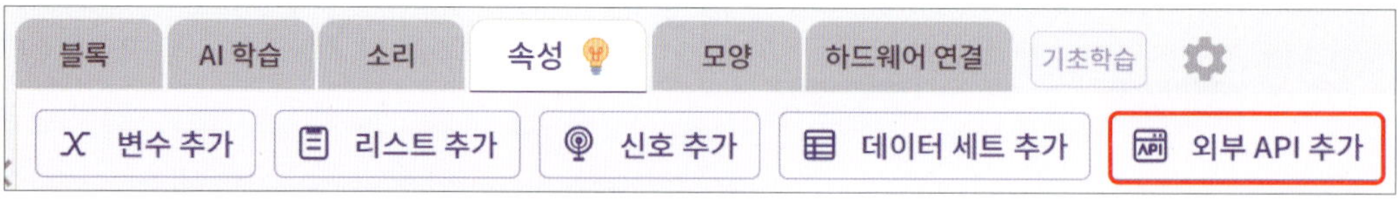

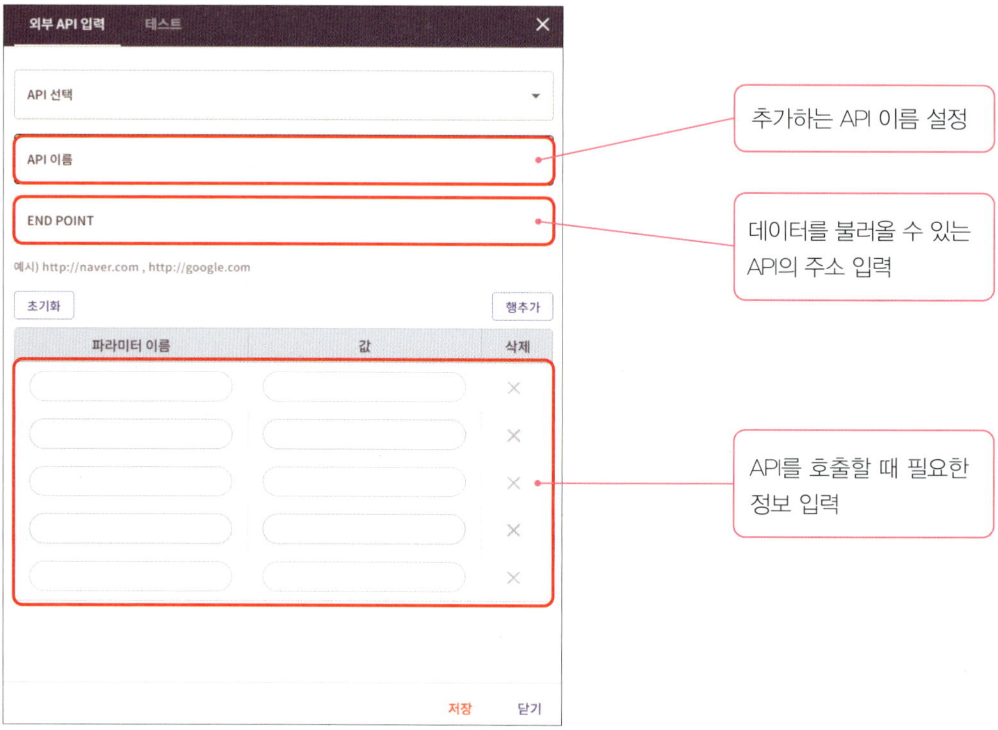

- 추가하는 API 이름 설정
- 데이터를 불러올 수 있는 API의 주소 입력
- API를 호출할 때 필요한 정보 입력

위와 같이 필요한 정보를 코디니 플랫폼에 입력하여 외부 API를 등록합니다. 외부 API를 코디니 플랫폼에 등록하는 실습은 다음 페이지에서 진행할 예정입니다.

4 외부 API를 활용한 코딩하기

앞에서 프로그램끼리 데이터를 주고받는 방식에 대해 알아보았습니다. 이번에서는 공공데이터 포털에서 데이터를 검색한 후, 직접 불러와 코디니에 등록을 하고 등록된 데이터를 활용하여 코딩하는 실습을 진행해 봅니다.

공공데이터 포털에 있는 데이터 중 한국환경공단에서 제공하는 대기오염통계 현황 정보를 받아 실시간 미세먼지 농도를 조회하는 프로그램을 작성해 보도록 하겠습니다.

1. 먼저 공공데이터 포털 사이트에 접속하고, '대기오염통계'로 검색합니다.

2. 오픈 API에서 '한국환경공단_에어코리아_대기오염통계 현황'을 선택합니다.

> **Tip**
> 외부 API를 활용한 코딩은 공공기관에서 제공하는 데이터를 실시간으로 불러와 프로그램에 활용하는 과정입니다. 따라서 정보를 제공하는 공공기관의 정책에 따라 사전 고지없이 제공이 중단되거나 변경되는 경우, 학습에 차질이 생길 수 있습니다. 이점 참고하시기 바랍니다.

3. 소개 페이지에서는 API 관련 상세 정보를 확인할 수 있습니다. 소개 내용을 읽어본 후 '활용신청' 버튼을 누릅니다.

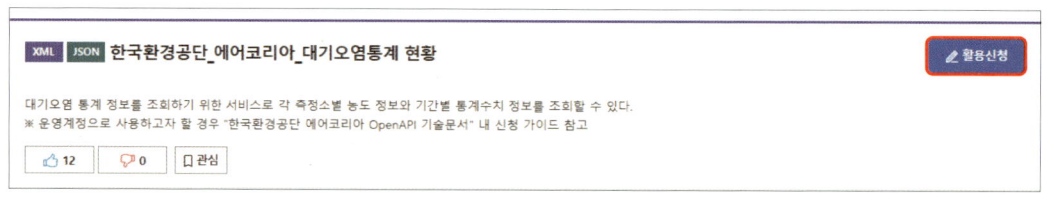

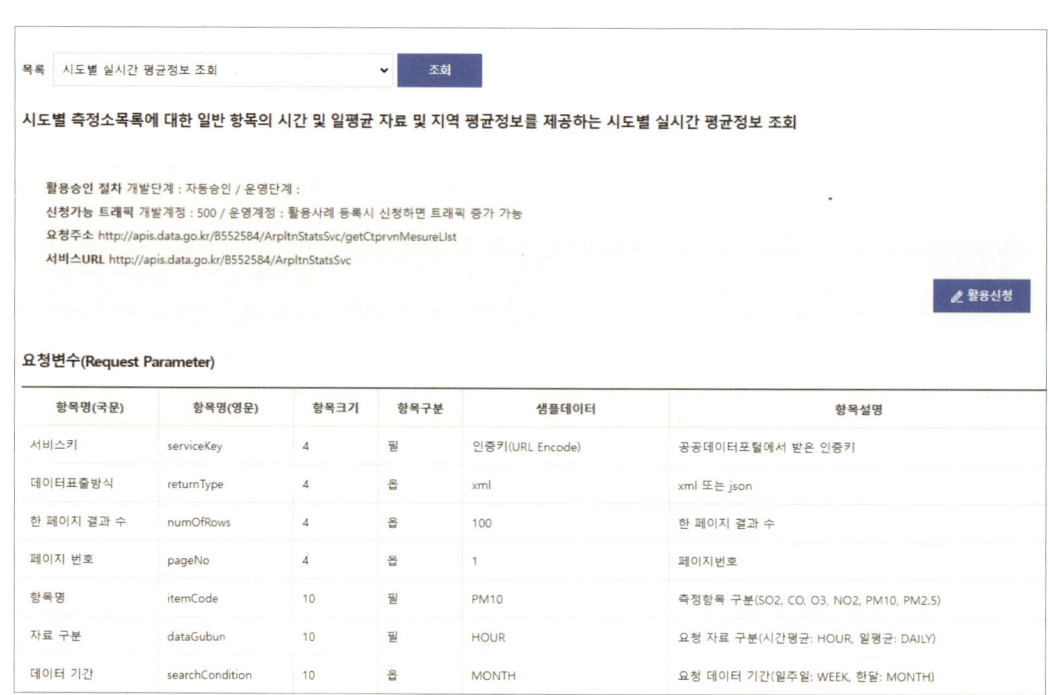

> **Tip**
> 한국환경공단에서 제공하는 대기오염통계 현황 정보는 각 측정소별 농도 정보와 기간별 통계 수치 정보를 조회하는 공공데이터입니다.

4. 활용 목적에 'API 개발', '공부' 등 목적을 간단히 작성합니다.

5. '동의합니다' 체크 박스를 클릭하고, '활용신청' 버튼을 누릅니다.

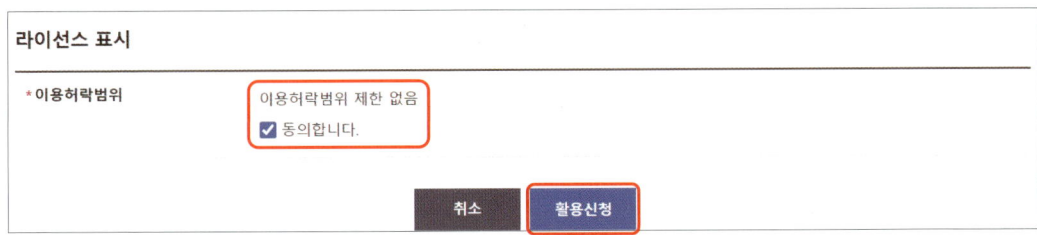

6. 신청 완료 후 내가 신청한 목록을 확인하고, '[승인] 한국환경공단_에어코리아_대기오염통계 현황'을 선택합니다.

7. 신청을 완료하고 나면 해당 API를 사용할 수 있는 인증키를 확인할 수 있습니다.

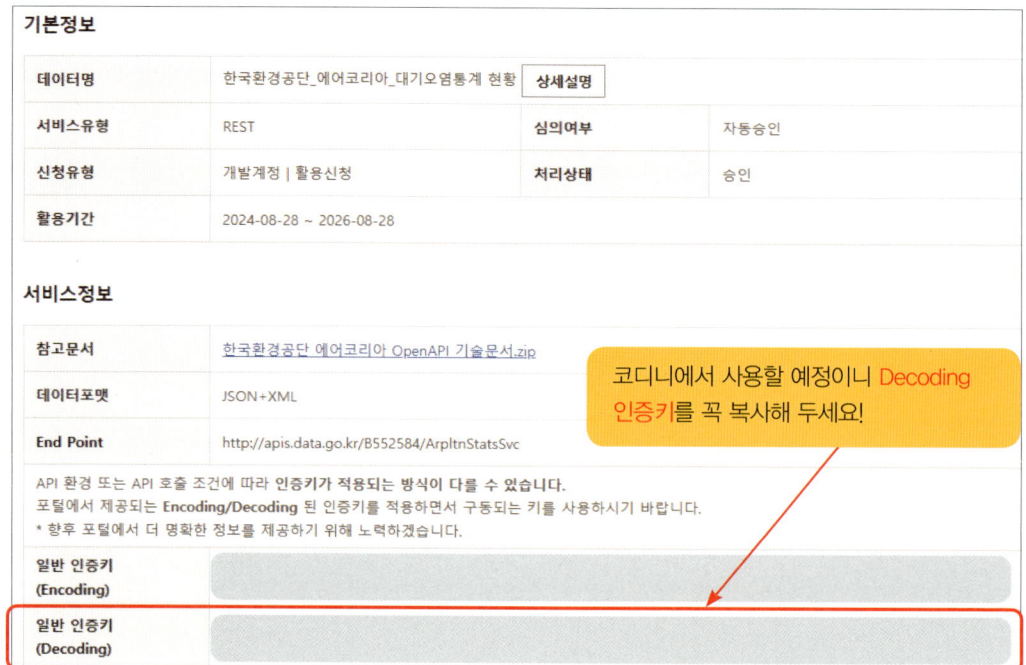

Tip

마이페이지 > 데이터 활용 > Open API > 활용신청 현황에서 내가 신청한 API 목록을 확인할 수 있습니다.

Tip
오픈 API의 상세 정보 페이지에서는 해당 데이터를 사용하기 위해 필요한 정보를 정리한 참고 문서를 다운받을 수 있습니다.

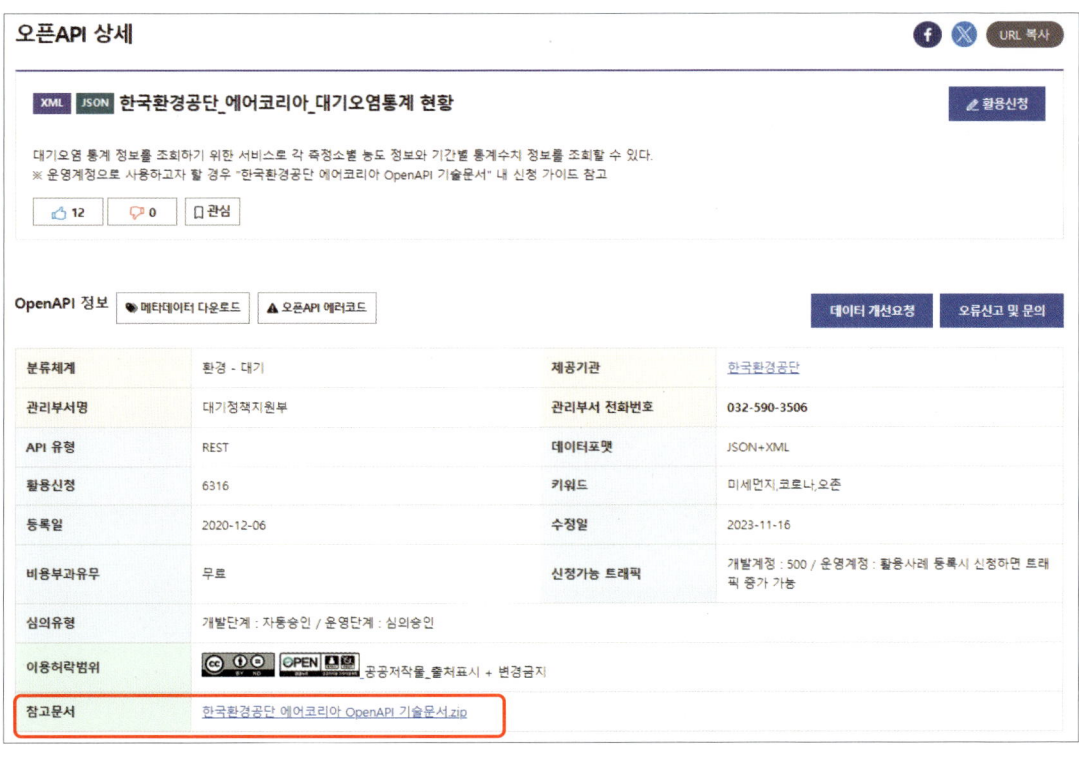

위 참고 문서 내용 중 다음 정보를 활용하여 코딩을 합니다.

항목	코드
미세먼지	PM10
초미세먼지	PM25
오존	O3
일산화탄소	CO
이산화황	SO2

측정항목 구분

구분	코드
시간평균	HOUR
일평균	DAILY

요청 자료 구분

8. API 상세 페이지로 돌아가서, API 관련 정보를 확인하고 코디니에 입력합니다.

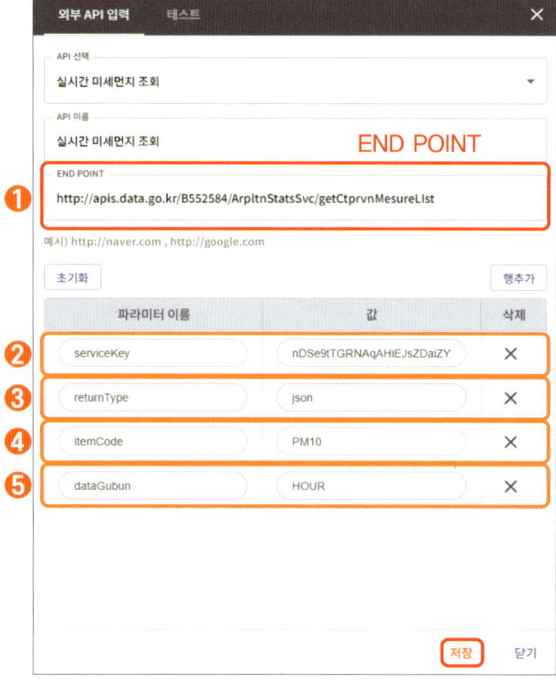

❶ 요청 주소는 데이터를 불러오기 위한 주소이므로 반드시 복사해 두었다가 코디니의 END POINT 입력 칸에 붙여 넣습니다.

❷ 인증키는 이 데이터를 사용하기 위한 키입니다. 앞에서 복사해 둔 일반 인증키(Decoding)를 입력합니다.

❸ 이 데이터는 xml을 기본으로 하고 json으로 요청 시에는 json을 제공합니다. 따라서 반드시 데이터 type을 json으로 요청하여야 합니다.

❹ 미세먼지의 코드는 PM10이므로 PM10을 입력합니다.

❺ 시간별 평균 데이터를 불러오기 위해 HOUR를 입력합니다.

9. 테스트 탭에서 JSON 모드를 활성화하고 응답 결과를 확인해 봅니다.

이 데이터의 구조를 파악해 봅시다.

이 데이터는 response 아래에 header와 body가 있습니다.
body 아래에는 items라는 리스트가 있으며, 이 리스트안에는 10개의 아이템이 들어 있습니다. 각 아이템은 지역 별 미세먼지 정보를 담고 있습니다.

10. 얻고자 하는 값이 리스트로 이루어져 있으므로 아래의 코디니 블록을 코딩에 활용합니다.

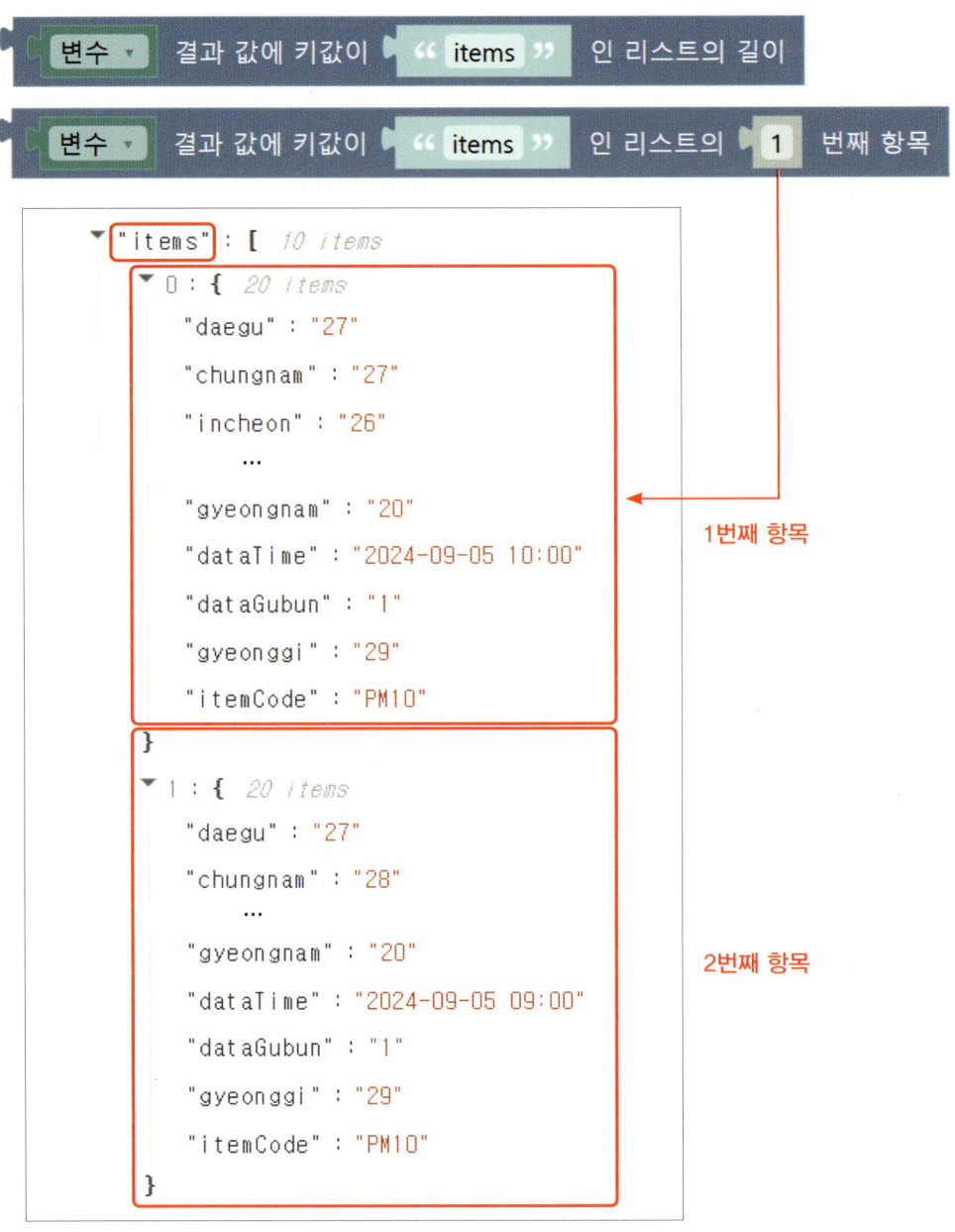

11. 아래와 같이 지역 코드 데이터 세트를 만듭니다.

#	키 (KEY)	값 (VALUE)
1	서울	seoul
2	부산	busan
3	대구	daegu
4	인천	incheon

12. 지역 이름을 말하면 문자 지역 코드를 JSON 데이터에 들어 있는 영어 지역 코드로 변경하여 '코드' 변수에 저장합니다. 지역 코드를 확인하여 저장한 후, '미세먼지 농도 조회' 신호를 보내도록 코딩합니다.

13. 데이터 세트에 존재하는 지역이라면 해당 지역의 미세먼지 농도 데이터를 JSON에서 추출하여 안내합니다.

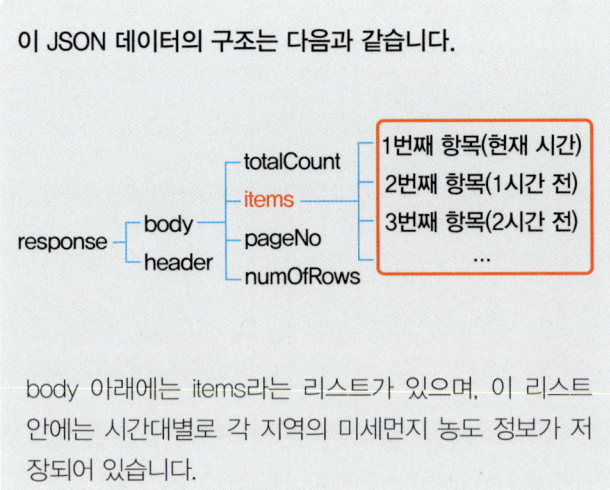

이 JSON 데이터의 구조는 다음과 같습니다.

body 아래에는 items라는 리스트가 있으며, 이 리스트 안에는 시간대별로 각 지역의 미세먼지 농도 정보가 저장되어 있습니다.

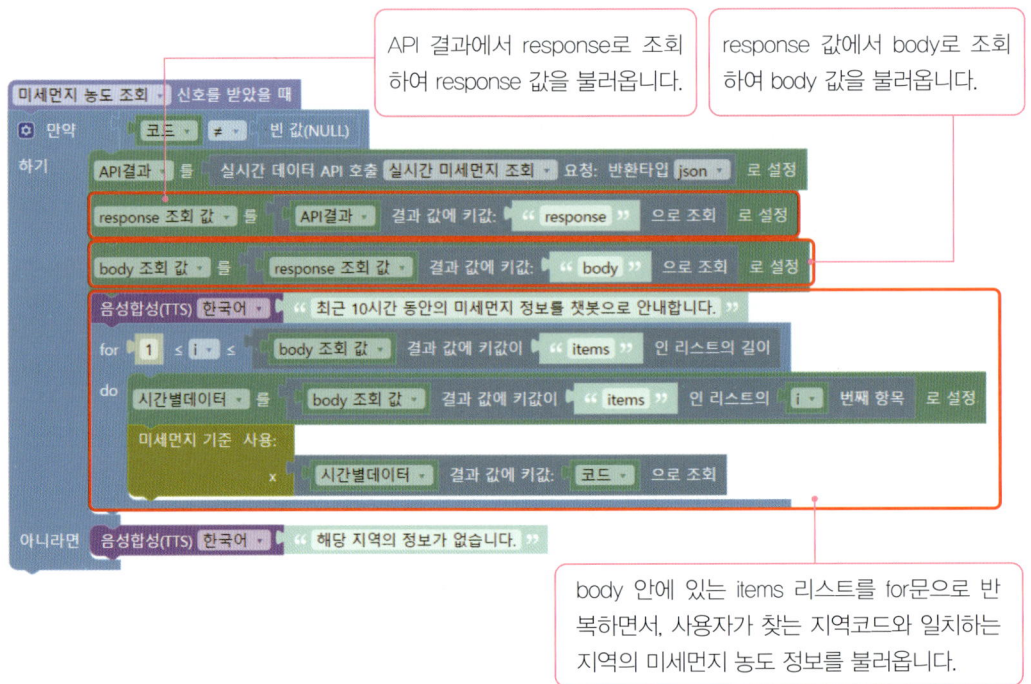

API 결과에서 response로 조회하여 response 값을 불러옵니다.

response 값에서 body로 조회하여 body 값을 불러옵니다.

body 안에 있는 items 리스트를 for문으로 반복하면서, 사용자가 찾는 지역코드와 일치하는 지역의 미세먼지 농도 정보를 불러옵니다.

14. 앞에서 불러온 미세먼지 농도를 이용하여 시간대별로 해당하는 기준을 안내해 주는 함수를 작성합니다.

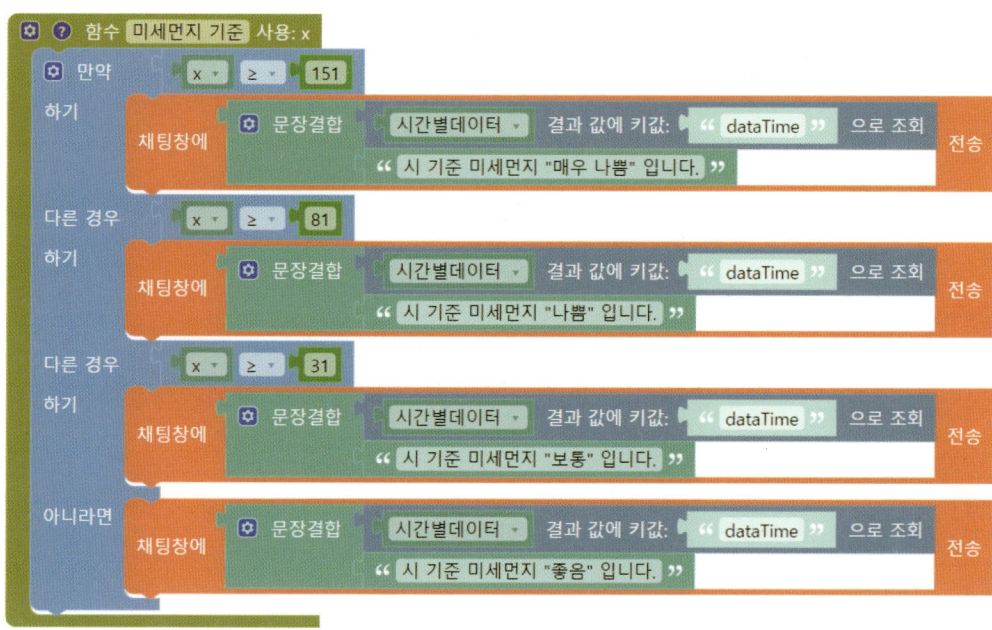

실전 문제

실전 문제 풀이 안내

각 문항에 주어진 블록을 활용하여 프로그램을 완성해 보세요.

- 〈문제 출제 블록〉(`-- 이 블록을 바꾸세요 --` , `?` 등)을 삭제하고, 그 자리에 아래 **주어진 블록만을 사용**하여 코딩합니다(다른 블록 사용 불가).
- 한 블록을 여러 번 사용할 수 있으며 블록 안의 문자, 숫자, 기호 등을 적절히 변경합니다.

1

API를 활용하여 실시간 공항 평균 대기 시간을 확인하는 프로그램을 코딩하시오.

조건

1. 아래와 같은 키와 값을 갖는 '공항코드' 데이터 세트를 생성한다.

키	값
김포	GMP
제주	CJU

2. API를 활용하여 공항 평균 대기 시간 관련 데이터를 요청하고, 해당 값을 변수에 저장한다.
   - API 이름: 공항 대기 시간
   - END POINT: https://api.odcloud.kr/api/getAPRTWaitTime/v1/aprtWaitTime
   - 파라미터

파라미터 이름	값
serviceKey	XCZp4NkdqzDr6w5tLw5NlajMCFWU3JFt4zkW9OkxS0HmYuVAkdwr7LmUM56JjEwPln6jktXClOrjDcpMl1vE/w==

3. 사용자가 원하는 공항 이름을 말하면, 해당 공항 모든 구간의 총 평균 대기 시간을 안내한다.

4. 데이터 세트에 없는 공항 이름을 말할 경우, "해당 공항 정보가 없습니다"라고 안내한다.

*사이트에서 학습 자료를 다운로드하여 활용하세요.

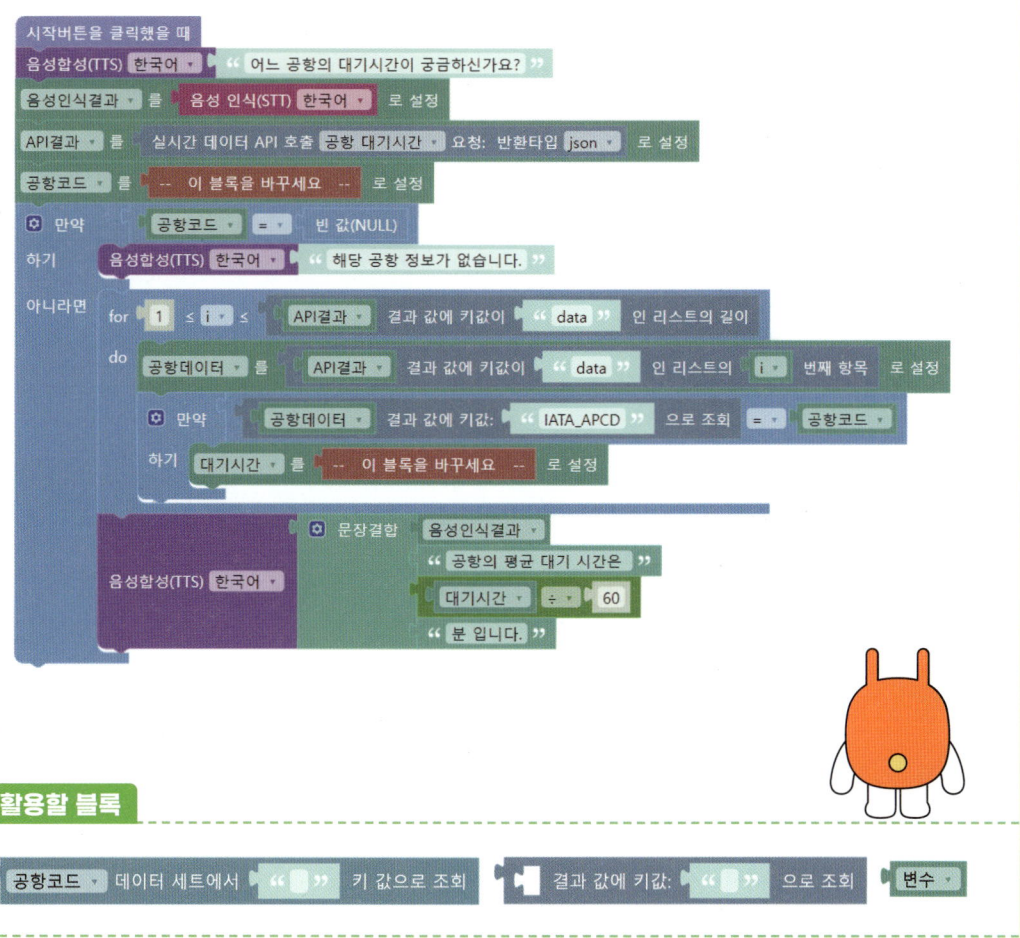

[API 구조 참고]

공항이름	공항코드
김포	GMP
제주	CJU

→ 공항코드

→ 전체 구간 총 평균 대기 시간
(초 단위로 표기)

활용할 블록

AICE Future 1급 검정
문제 유형 및 실전 대비 가이드

AICE Future 1급의 시험 문항은 이론 1문항과 실습 7문항으로 구성되어 있습니다. 1~4번 문항은 각 10점, 5~8번 문항은 각 15점으로 총 100점 만점입니다.

1. 이론
이론은 인공지능의 특징, 데이터와 딥러닝의 이해, 인공지능과 문제 해결, 인공지능의 사회적 영향 등 AI와 관련된 기본적인 지식에 대한 이해도를 측정합니다.

2. 실습(문항 2~8)
AICE 1급의 실습 문제는 총 7문항으로 구성되어 있으며, 기본 코딩, 데이터 관리, 데이터 분석, AI 활용, 머신러닝, 실시간 공공데이터 활용 등 AI 코딩에 대한 기본적인 능력을 측정합니다.

문제 예시

for 반복문을 이용하여 리스트 안의 값 중 최솟값을 찾는 프로그램을 코딩하시오.

조건
1. '숫자 목록' 리스트를 추가하고 '2, 5, 1, 4'를 '숫자 목록' 리스트에 입력한다.
2. 100에서 500 사이의 정수 중 5의 배수를 판별한다.
3. 100에서 500 사이의 정수 중 5의 배수의 합을 구한다.
4. 알림창에 표시한다.

문제 풀이 예시

정답

해설

먼저 '숫자 목록' 리스트를 만들고 '2, 5, 1, 4'를 입력합니다.
① 리스트의 두번째 항목을 첫번째 항목과 비교하고, 이어서 리스트의 수만큼 돌아가며 비교합니다.
② i번째 항목과 그 이전까지의 최솟값을 비교합니다.
③ 만약 i번째 항목이 그 이전의 최솟값보다 작으면 새로운 최솟값으로 저장합니다.

문제 풀이 창에는 위와 같이 문제 출제 블록이 포함된 문제 출제 코드가 배치되어 있습니다. 〈문제 출제 블록〉(-- 이 블록을 바꾸세요 -- , ? 등)을 삭제하고 그 자리에 아래 주어진 블록으로 코딩하여 완성합니다. 완성 후 잘 작동하는지 확인해 보면 정답인지 아닌지 확인할 수 있습니다.

 유의사항
- 주어진 블록만을 사용하여야 하며, 한 블록을 여러 번 사용할 수 있습니다.
- 블록 안의 숫자, 문자, 기호 등을 적절히 변경하여 프로그램을 완성합니다.

◆ 모의 평가 문제 파일은 코디니 사이트 학습 자료에 있습니다. 아래 방법에 따라 다운로드하여 실습에 활용하세요.

코디니 홈페이지 접속 ➤ 학습하기 메뉴 ➤ 교육자료 탭 ➤ AICE FUTURE 클릭
(https://aicodiny.com/edu-resource?tab=3) ➤ 모의평가 문제 클릭 ➤ 압축파일(zip) 해제

제1차 모의 평가

AICE Future 1급

문제 1

배점: 10점

다음 중 데이터의 중요성에 관한 설명으로 옳은 것은 무엇인가요? [　　]

① 데이터의 양이 적을수록 효율적인 학습이 가능하므로 모델의 성능이 향상됩니다.
② 최신의 데이터보다는 과거의 데이터를 사용하는 것이 효과적입니다.
③ 데이터의 양이 많을수록 모델은 다양한 패턴을 파악할 수 있기 때문에 예측 능력이 향상됩니다.
④ 데이터의 품질이 낮아도 모델의 정확도는 영향을 받지 않습니다.

문제 2

배점: 10점

주어진 숫자가 5의 배수인지 판별하여 결과를 알려주는 함수를 작성하시오.

 **조건**
1. '숫자 확인'이라는 함수는 전달받은 숫자가 5의 배수인지 아닌지 판별하여 결괏값을 알려준다.
2. 사용자가 입력한 값이 5의 배수인지 출력하여 알려준다.

■ 다음 블록을 활용하여 프로그램을 완성해 보세요.

- 〈문제 출제 블록〉(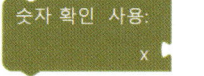, [?] 등)을 삭제하고, 그 자리에 아래 <u>주어진 블록만을 사용</u>하여 코딩합니다(다른 블록 사용 불가).
- 한 블록을 여러 번 사용할 수 있으며 블록 안의 문자, 숫자, 기호 등을 적절히 변경합니다.

활용할 블록

문제 3

배점: 10점

for 반복문을 이용하여 리스트 안의 값 중 최솟값을 찾는 프로그램을 코딩하시오.

조건
1. '숫자 목록' 리스트를 추가하고 '2, 5, 1, 4'를 '숫자 목록' 리스트에 입력한다.
2. for문을 사용하여 리스트 안의 최솟값을 찾는다.
3. 최솟값을 변수에 저장하고 해당 값을 알림창에 표시한다.

■ 다음 블록을 활용하여 프로그램을 완성해 보세요.

- 〈문제 출제 블록〉( 등)을 삭제하고, 그 자리에 아래 주어진 블록만을 사용하여 코딩합니다(다른 블록 사용 불가).
- 한 블록을 여러 번 사용할 수 있으며 블록 안의 문자, 숫자, 기호 등을 적절히 변경합니다.

활용할 블록

[숫자 목록 ▾ 의 항목수]   [변수 ▾]   [숫자 목록 ▾ 의 1 번째 항목]

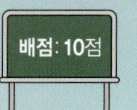

문제 4

자동차 번호판 이미지를 인식하여 등록 차량 여부를 알려주는 코드를 완성하시오.

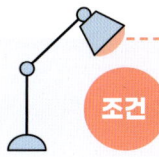

1. '등록차량' 리스트를 추가하고 '1234, 3292, 9020'을 '등록차량' 리스트에 입력한다.
2. 차량 번호판 이미지를 삽입한 후 차량번호가 4글자인지 확인한다.
3. 차량번호가 4글자일 경우 '등록차량' 리스트와 비교하여 등록 여부를 확인한다.
4. 등록 차량인지 아닌지에 따라 알맞은 내용을 음성으로 안내한다.

```
시작버튼을 클릭했을 때
음성합성(TTS) 한국어 "차량번호 확인을 위해 지니를 불러주세요."
"지니야" 호출어 감지시 반복 실행
  번호판 촬영 신호 보내고 기다리기
  만약 차량번호 ≠ " " 
  하기
    만약 -- 이 블록을 바꾸세요 --
    하기
      음성합성(TTS) 한국어 "등록 차량입니다. 문이 열립니다."
    아니라면
      음성합성(TTS) 한국어 "등록 차량이 아닙니다. 방문증을 작성해주세요."

번호판 촬영 신호를 받았을 때
차량번호 를 " " 로 설정
-- 이 블록을 바꾸세요 --
-- 이 블록을 바꾸세요 --
만약 다음 문장의 문자 개수 1 번째 텍스트 = 4
하기
  차량번호 를 -- 이 블록을 바꾸세요 -- 로 설정
  음성합성(TTS) 한국어 문장 "차량번호" 에 글자 차량번호 (을)를 덧붙이기
아니라면 음성합성(TTS) 한국어 "번호가 확인되지 않습니다."
```

■ 다음 블록을 활용하여 프로그램을 완성해 보세요.

- 〈문제 출제 블록〉(-- 이 블록을 바꾸세요 -- , ? 등)을 삭제하고, 그 자리에 아래 주어진 블록만을 사용하여 코딩합니다(다른 블록 사용 불가).
- 한 블록을 여러 번 사용할 수 있으며 블록 안의 문자, 숫자, 기호 등을 적절히 변경합니다.

활용할 블록

문제 5

배점: 15점

엑셀 데이터를 활용하여 음식의 칼로리를 알려주는 프로그램을 완성하시오.

1. '음식_칼로리.xlsx' 파일을 활용하여 '칼로리' 데이터 세트를 추가한다.
2. 음식의 이름을 말하면 해당 음식의 칼로리 데이터를 가져온다.
3. 칼로리 정보가 있으면 음식의 칼로리 정보를 음성으로 말해준다.

■ 다음 블록을 활용하여 프로그램을 완성해 보세요.

- 〈문제 출제 블록〉(이 블록을 바꾸세요 , ? 등)을 삭제하고, 그 자리에 아래 주어진 블록만을 사용하여 코딩합니다(다른 블록 사용 불가).
- 한 블록을 여러 번 사용할 수 있으며 블록 안의 문자, 숫자, 기호 등을 적절히 변경합니다.

활용할 블록

문제 6

배점: 15점

꽃 사진을 보여주면 꽃의 종류를 판별하고, 해당 꽃의 꽃말을 알려주는 프로그램을 작성하시오.

조건
1. AI 학습 〉 지도학습 〉 이미지 분류 학습 〉 샘플 모델(4번 장미 튤립)을 사용한다.
2. 샘플 모델명을 '꽃 분류'로 저장한다.
3. '꽃 분류' 함수는 이미지를 삽입하면 해당 꽃의 종류를 판별하는 함수이다.
4. '꽃말 확인' 함수는 꽃의 종류에 따라 꽃말을 음성으로 안내한다.
5. 꽃 이미지를 삽입하면 해당 꽃의 종류에 따라 꽃말을 안내한다.

※ 코드가 맞는지 여부로 채점을 하고 지도 학습의 정확도는 측정하지 않습니다.

■ 다음 블록을 활용하여 프로그램을 완성해 보세요.

- 〈문제 출제 블록〉(,  등)을 삭제하고, 그 자리에 아래 주어진 블록만을 사용하여 코딩합니다(다른 블록 사용 불가).
- 한 블록을 여러 번 사용할 수 있으며 블록 안의 문자, 숫자, 기호 등을 적절히 변경합니다.

활용할 블록

1차 모의 평가

문제 7

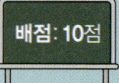

배점: 10점

카메라를 활용하여 컴퓨터와 가위바위보 게임을 하는 프로그램을 코딩하시오.

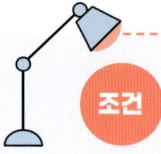

1. 시험 플랫폼의 이미지를 다운로드하여 압축을 푼 후 사용할 폴더에 저장한다.
2. 티처블 머신을 활용하여 '가위', '바위', '보' 클래스로 학습시킨다.
   (시험 특성상 카메라 인식 대신에 측정 이미지 삽입으로 대신함)
3. 가위 바위 보 중 하나의 이미지를 업로드하고 컴퓨터는 랜덤으로 선택한다.
4. 사용자가 업로드한 이미지와 컴퓨터가 선택한 모양을 음성으로 안내한다.
   (승부 결과는 표시하지 않습니다.)

※ 코드가 맞는지 여부로 채점을 하고 지도학습의 정확도는 측정하지 않습니다.
※ https://teachablemachine.withgoogle.com에서 모델 생성

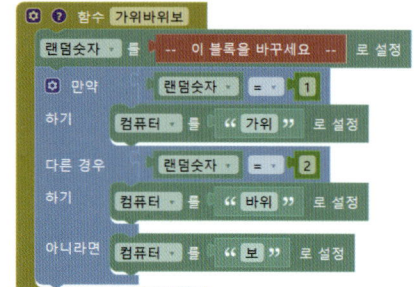

■ 다음 블록을 활용하여 프로그램을 완성해 보세요.

• 〈문제 출제 블록〉(이 블록을 바꾸세요 , ? 등)을 삭제하고 그 자리에 아래 주어진 블록만을 사용하여 코딩합니다(다른 블록 사용 불가).

• 한 블록을 여러 번 사용할 수 있으며 블록 안의 문자, 숫자, 기호 등을 적절히 변경합니다.

활용할 블록

194 _ 1차 모의 평가

 **1차 모의 평가**

문제 8

문제 유형: 실습 B형 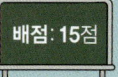 **배점**: 15점

API를 활용하여 인천공항 1터미널 단기 주차장의 주차 여유 공간을 실시간으로 알려주는 프로그램을 코딩하시오.

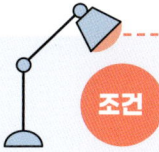 **조건**

1. 인천공항 단기 주차장은 지상 층과 지하 1층, 지하 2층의 세 곳 주차장이 있는데, 세 곳 주차장의 주차장 별 주차 면수 대비 현재 주차 대수와 여유 공간을 알려준다.
2. 지니를 호출하면 총 주차 대수, 현재 주차 대수와 여유 공간을 음성으로 알려준다.
3. 알려주는 순서는 지상층, 지하 1층, 지하 2층의 순이다.
4. API를 활용하여 '주차장' 관련 데이터를 요청하고, 해당 값을 변수에 저장하여 코딩한다.
   - API 이름: 인천공항 주차 정보
   - Endpoint URL: http://apis.data.go.kr/B551177/StatusOfParking/getTrackingParking
   - 서비스키 이름: serviceKey
   - 서비스키 값: WrdPJsPYxXyM6SvQ6kHS0Kl6qsOP3Wtk3o3pQ7Qu9ugHpYsrH9Gl4qqYXqFQBdQ9dsuC0hV1t97IHPxAs26Zrg==

[데이터의 구조]

```
▼ "root" : { 1 item
  ▼ "response" : { 2 items
    ▼ "header" : { 2 items
        "resultCode" : "00"
        "resultMsg" : "NORMAL SERVICE."
      }
    ▼ "body" : { 4 items
      ▼ "items" : { 1 item
        ▼ "item" : [ 10 items
          ▼ 0 : { 4 items
              "datetm" : "20240430121912.003"     → 정보 업데이트 시각
              "floor" : "T1 단기주차장지상층"      → 주차장 위치
              "parking" : "658"                    → 현재 주차 차량 수
              "parkingarea" : "1052"               → 총 주차 가능 차량 수
            }
```

문제 8

■ 다음 블록을 활용하여 프로그램을 완성해 보세요.

- 〈문제 출제 블록〉(-- 이 블록을 바꾸세요 --, ? 등)을 삭제하고, 그 자리에 아래 <u>주어진 블록만을 사용</u>하여 코딩합니다(다른 블록 사용 불가).

- 한 블록을 여러 번 사용할 수 있으며 블록 안의 문자, 숫자, 기호 등을 적절히 변경합니다.

활용할 블록

제2차 모의 평가

AICE Future 1급

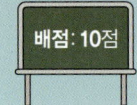

문제 1

1. 딥러닝에 관한 설명 중 적절하지 <u>않은</u> 것은 무엇인가요? [   ]

① 퍼셉트론은 1957년 프랑크 로젠블라트에 의해 개발된 인공 신경망입니다.
② 딥러닝에서 인공 신경망은 입력층, 은닉층, 출력층으로 이루어져 있습니다.
③ 딥러닝은 복잡한 문제를 해결하기 위해 여러 층으로 이루어진 신경망을 사용합니다.
④ 일반적으로 입력층을 여러 개 쌓아 신경망을 깊게 구성할수록 더 복잡한 문제를 해결할 수 있습니다.

문제 2

배점: 10점

함수를 사용하여 두 학생의 평균 몸무게를 구하는 프로그램을 작성하시오.

 **조건**
1. '평균 계산' 이라는 함수는 두 개의 매개 변수를 받아 평균을 계산하고, 해당 평균 값을 반환한다.
2. 두 학생의 몸무게 평균은 이 함수를 활용하여 계산한다.

```
시작버튼을 클릭했을 때
학생1 몸무게 ▼ 를 [50] 로 설정
학생2 몸무게 ▼ 를 [45] 로 설정
평균 몸무게 ▼ 를  평균 계산 사용:
                  x  학생1 몸무게 ▼
                  y  -- 이 블록을 바꾸세요 --  로 설정
음성합성(TTS) 한국어 ▼  문장 " 두 학생의 평균 몸무게 : "  에 글자  평균 몸무게 ▼  (을)를 덧붙이기
```

```
함수  평균 계산  사용: x, y
평균 ▼ 를  [ x ▼ ] + [ ? ] ÷ ▼ [2]  로 설정
다음을 돌려줌  -- 이 블록을 바꾸세요 --
```

■ 다음 블록을 활용하여 프로그램을 완성해 보세요.

- 〈문제 출제 블록〉(`-- 이 블록을 바꾸세요 --`, `?` 등)을 삭제하고, 그 자리에 아래 주어진 블록만을 사용하여 코딩합니다(다른 블록 사용 불가).

- 한 블록을 여러 번 사용할 수 있으며 블록 안의 문자, 숫자, 기호 등을 적절히 변경합니다.

활용할 블록

[변수 ▼]

문제 3

배점: 10점

while문을 사용하여 구구단 중 짝수단만 출력하는 프로그램을 코딩하시오.

 **조건**
1. while 반복 블록을 사용한다.
2. 구구단 중 짝수단만 출력한다. (2, 4, 6, 8단)
3. 계산 결과를 채팅창에 표시한다.

■ 다음 블록을 활용하여 프로그램을 완성해 보세요.

- ⟨문제 출제 블록⟩ (이 블록을 바꾸세요 , ? 등)을 삭제하고, 그 자리에 아래 <u>주어진 블록만을 사용</u>하여 코딩합니다(다른 블록 사용 불가).
- 한 블록을 여러 번 사용할 수 있으며 블록 안의 문자, 숫자, 기호 등을 적절히 변경합니다.

활용할 블록

문제 4

배점: 10점

얼굴을 인식하여 사용자의 기분에 어울리는 음악을 추천하는 프로그램을 코딩하시오.

조건
1. 지니를 부르고, 인식할 얼굴 이미지를 삽입한다.
2. 이미지에 얼굴이 인식된 경우, 감정 분석을 진행하고 그에 어울리는 음악을 추천한다.
3. 얼굴이 인식되지 않은 경우, 다시 시도하라는 안내 메시지를 제공한다.

■ 다음 블록을 활용하여 프로그램을 완성해 보세요.

- 〈문제 출제 블록〉( 등)을 삭제하고, 그 자리에 아래 <u>주어진 블록만을 사용</u>하여 코딩합니다(다른 블록 사용 불가).

- 한 블록을 여러 번 사용할 수 있으며 블록 안의 문자, 숫자, 기호 등을 적절히 변경합니다.

활용할 블록

문제 5

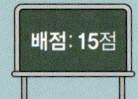

엑셀 데이터를 활용하여 역사 퀴즈 프로그램을 만드는 코드를 완성하시오.

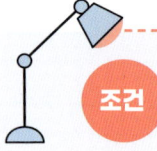

조건
1. '문제_역사이벤트.xlsx' 파일을 활용하여 '사건' 데이터 세트를 추가한다.
2. '정답_연도.xlsx' 파일을 활용하여 '연도' 데이터 세트를 추가한다.
3. 문제를 듣고 입력창에 해당 사건의 연도를 입력한다.
4. 정답인지 오답인지 판단하여 음성으로 안내하고 오답일 경우 정답 내용을 알려준다.
5. 모든 문제를 풀고 난 후, 퀴즈 종료를 음성으로 안내한다.

■ 다음 블록을 활용하여 프로그램을 완성해 보세요.

- 〈문제 출제 블록〉(─이 블록을 바꾸세요─ , ? 등)을 삭제하고, 그 자리에 아래 <u>주어진 블록만을 사용</u>하여 코딩합니다(다른 블록 사용 불가).
- 한 블록을 여러 번 사용할 수 있으며 블록 안의 문자, 숫자, 기호 등을 적절히 변경합니다.

활용할 블록

[사건 ▾ 데이터 세트에서 " " 키 값으로 조회]   [변수 ▾]

문제 6

2차 모의 평가
배점: 15점

자동차 사진을 보여주면 자동차의 종류를 판별하고, 해당 자동차의 세차비를 알려주는 프로그램을 작성하시오.

조건
1. AI 학습 〉 지도학습 〉 이미지 분류 학습 〉 샘플 모델(3번)을 사용한다.
2. 샘플 모델명을 '차량 구분'으로 저장한다.
3. '자동차 분류' 함수는 이미지를 삽입하면 해당 자동차의 종류를 판별하는 함수이다.
4. '비용 확인' 함수는 자동차의 종류에 따라 세차비를 음성으로 안내한다.
5. 자동차 이미지를 삽입하면 해당 자동차의 종류에 따라 세차비를 안내한다.

※ 코드가 맞는지 여부로 채점을 하고 지도학습의 정확도는 측정하지 않습니다.

■ 다음 블록을 활용하여 프로그램을 완성해 보세요.

- 〈문제 출제 블록〉( 등)을 삭제하고, 그 자리에 아래 주어진 블록만을 사용하여 코딩합니다(다른 블록 사용 불가).
- 한 블록을 여러 번 사용할 수 있으며 블록 안의 문자, 숫자, 기호 등을 적절히 변경합니다.

활용할 블록

문제 7

배점: 15점

카메라를 활용하여 식재료를 구분하고, 보관 방법을 알려주는 프로그램을 코딩하시오. (시험 특성상 카메라 인식 대신에 측정 이미지 삽입으로 대신함)

조건
1. 티처블 머신을 활용하여 '토마토', '양파' 클래스로 학습시킨다.
2. 식재료 이미지를 업로드하고 인식 결과를 음성으로 안내한다.
3. 인식 결과에 따라 알맞은 식재료 보관 방법을 음성으로 안내한다.

※ 코드가 맞는지 여부로 채점을 하고 지도학습의 정확도는 측정하지 않습니다.
※ https://teachablemachine.withgoogle.com에서 모델 생성

```
시작버튼을 클릭했을 때
음성합성(TTS) 한국어 ▼  " 보관 방법을 알고 싶은 식재료를 보여주세요. "
-- 이 블록을 바꾸세요 --
-- 이 블록을 바꾸세요 --
음성합성(TTS) 한국어 ▼  문장 " 인식 결과 : " 에 글자 -- 이 블록을 바꾸세요 -- (을)를 덧붙이기
만약 -- 이 블록을 바꾸세요 -- = " 토마토 "
하기  음성합성(TTS) 한국어 ▼  " 토마토는 실온에서 보관하는 것이 좋습니다. "
아니라면  음성합성(TTS) 한국어 ▼  " 양파는 통풍이 잘 되는 곳에 보관하며 직사광선과 높은 습도를 피해야 합니다. "
```

▣ 다음 블록을 활용하여 프로그램을 완성해 보세요.

- 〈문제 출제 블록〉 (-- 이 블록을 바꾸세요 --, ? 등)을 삭제하고, 그 자리에 아래 주어진 블록만을 사용하여 코딩합니다(다른 블록 사용 불가).
- 한 블록을 여러 번 사용할 수 있으며 블록 안의 문자, 숫자, 기호 등을 적절히 변경합니다.

활용할 블록

```
티처블 이미지 ▼ 모델의 주소를 "    " 로 설정하기
티처블 이미지 ▼ 모델로 분류하기        티처블 이미지 ▼ 모델 분류결과
입력 데이터 : 이미지 파일 ▼
```

문제 8

문제 유형: 실습 B형 배점: 15점

2024년 이후 이산화탄소 농도 값이 450ppm을 넘어서는 첫 연도를 예측하는 프로그램을 코딩하시오.

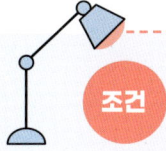 **조건**

1. 학습 데이터 테이블 중 '지구의 이산화탄소 농도 변화' 데이터를 불러와서 사용한다.
2. 각 연도 별로 이산화탄소 농도를 예측할 수 있는 단순 회귀 분석을 수행하고 모델명은 '이산화탄소 농도 예측'으로 저장한다. (＊1차 방정식으로 학습)
3. 2025년부터 매년 예측한 이산화탄소 농도를 채팅창에 출력한다.
4. 2024년 이후로 이산화탄소 농도 값이 450ppm을 넘어서는 첫 연도를 예측한다.

■ 다음 블록을 활용하여 프로그램을 완성해 보세요.

- 〈문제 출제 블록〉(-- 이 블록을 바꾸세요 -- , ? 등)을 삭제하고, 그 자리에 아래 주어진 블록만을 사용하여 코딩합니다(다른 블록 사용 불가).
- 한 블록을 여러 번 사용할 수 있으며 블록 안의 문자, 숫자, 기호 등을 적절히 변경합니다.

1차 모의 평가
문제 8

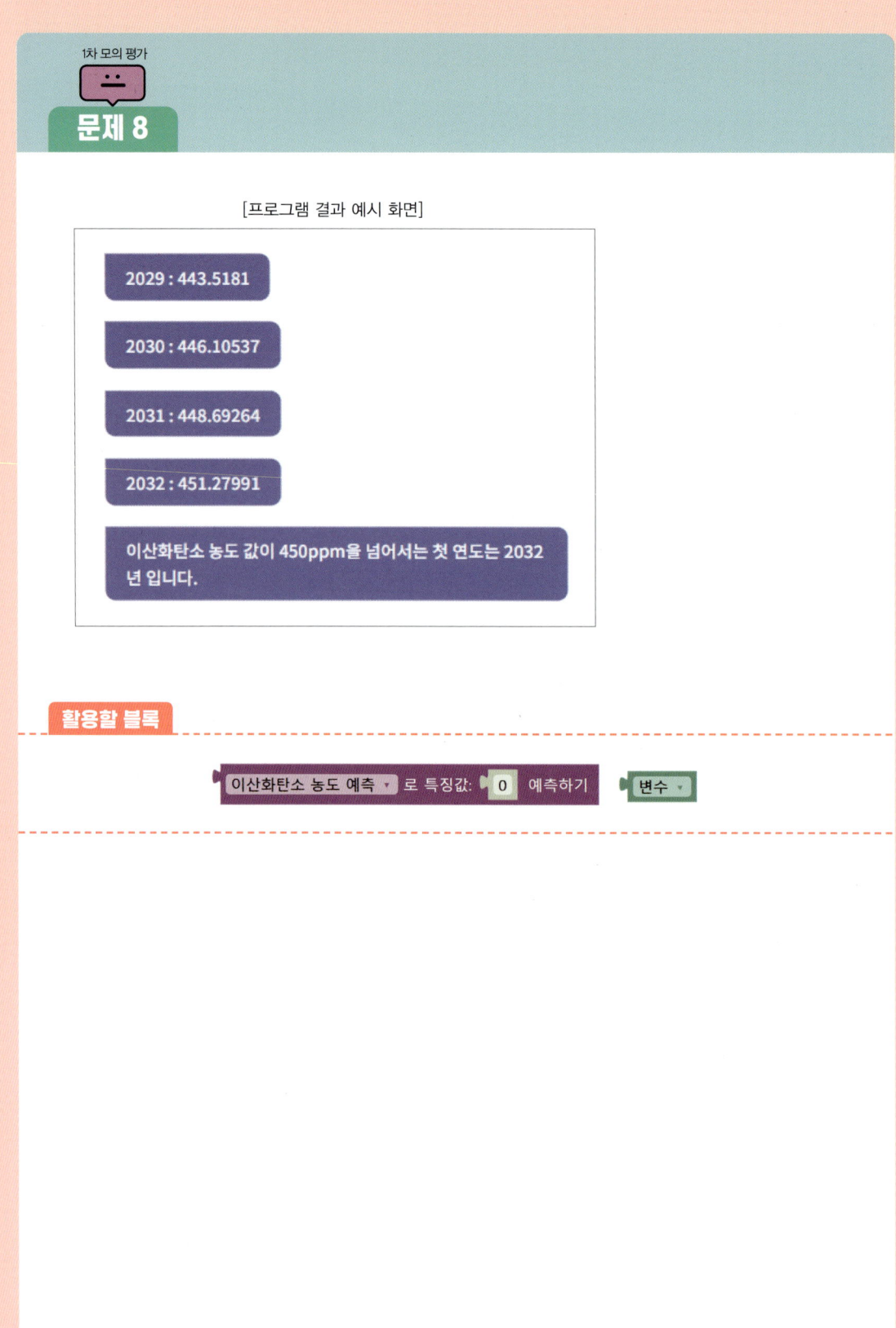

[프로그램 결과 예시 화면]

2029 : 443.5181

2030 : 446.10537

2031 : 448.69264

2032 : 451.27991

이산화탄소 농도 값이 450ppm을 넘어서는 첫 연도는 2032년 입니다.

활용할 블록

이산화탄소 농도 예측 ▼ 로 특징값: 0 예측하기   변수 ▼

제3차 모의 평가

AICE Future 1급

다음 중 인공지능을 사용하여 문제를 해결하는 과정으로 옳은 것은 무엇인가요?

[   ]

① 문제 정의 – 데이터 수집 – 데이터 탐색 – AI 활용 – AI 모델 학습
② 문제 정의 – 데이터 수집 – 데이터 탐색 – AI 모델 학습 – AI 활용
③ 문제 정의 – 데이터 탐색 – 데이터 수집 – AI 모델 학습 – AI 활용
④ 문제 정의 – 데이터 탐색 – 데이터 수집 – AI 활용 – AI 모델 학습

문제 2

배점: 10점

함수를 사용하여 구매한 물건의 총 금액을 계산하는 프로그램을 작성하시오.

 **조건**
1. 판매하는 물건은 '볼펜', '공책' 두 가지 종류가 있다.
2. '가격 확인' 이라는 함수는 물건의 가격을 확인하는 함수이며 판매하지 않는 물건의 가격은 0으로 설정한다.
3. '금액 계산' 이라는 함수는 구매한 물건의 총 금액을 계산하는 함수이다.
4. 구매할 물건과 수량을 입력하면 계산할 금액을 음성으로 안내해 준다.
   (판매하지 않는 물건을 고를 경우 계산하지 않는다.)

■ 다음 블록을 활용하여 프로그램을 완성해 보세요.

- 〈문제 출제 블록〉(이 블록을 바꾸세요 , ? 등)을 삭제하고, 그 자리에 아래 주어진 블록만을 사용하여 코딩합니다(다른 블록 사용 불가).

- 한 블록을 여러 번 사용할 수 있으며 블록 안의 문자, 숫자, 기호 등을 적절히 변경합니다.

활용할 블록

가격 확인   금액 계산   변수

문제 3

배점: 10점

for 반복문을 이용하여 입력한 단을 제외하고 구구단을 출력하는 프로그램을 코딩하시오.

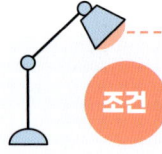

1. for 반복 블록을 사용한다.
2. 입력창에 입력한 단을 제외한 나머지 단만 출력한다. ('2'를 입력할 경우, 3~9단만 출력)
3. 계산 결과를 채팅창에 표시한다.

■ 다음 블록을 활용하여 프로그램을 완성해 보세요.

- 〈문제 출제 블록〉(이 블록을 바꾸세요 , ? 등)을 삭제하고, 그 자리에 아래 주어진 블록만을 사용하여 코딩합니다(다른 블록 사용 불가).
- 한 블록을 여러 번 사용할 수 있으며 블록 안의 문자, 숫자, 기호 등을 적절히 변경합니다.

활용할 블록

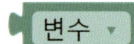

문제 4

서점에서 구매하려고 하는 도서의 휴대폰 검색 화면을 카메라에 비추면, 해당 도서의 위치를 알려주는 코드를 완성하시오.

1. 다음과 같은 키와 값으로 '도서 위치' 데이터 세트를 추가한다.

키	값
우주 탐험대	B구역
코디니 블록코딩	C구역

2. 도서 검색 이미지를 인식시킨다. (시험 특성상, 이미지 삽입으로 대체)
3. 서점에 있는 도서일 경우 해당 책의 위치를 안내한다.
4. 서점에 없는 도서일 경우 "재고가 없습니다." 라고 안내한다.

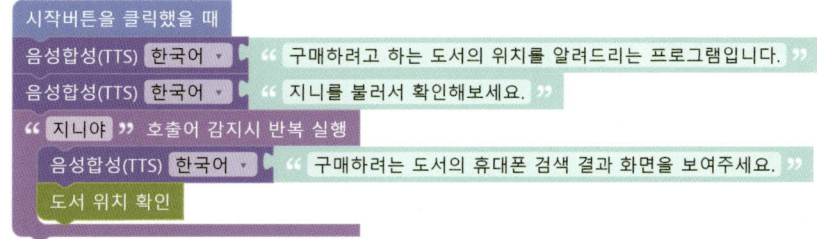

■ 다음 블록을 활용하여 프로그램을 완성해 보세요.

- 〈문제 출제 블록〉(이 블록을 바꾸세요 , ? 등)을 삭제하고, 그 자리에 아래 <u>주어진 블록만을 사용</u>하여 코딩합니다(다른 블록 사용 불가).
- 한 블록을 여러 번 사용할 수 있으며 블록 안의 문자, 숫자, 기호 등을 적절히 변경합니다.

활용할 블록

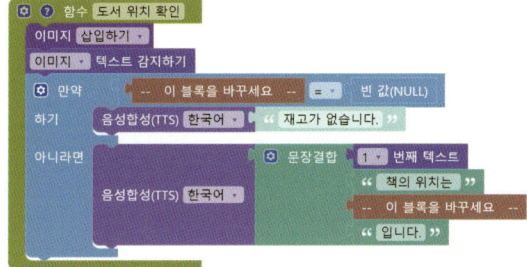

문제 5

배점: 15점

얼굴을 인식하여 사용자의 기분에 어울리는 책을 추천하는 프로그램을 코딩하시오.

조건
1. 인식할 얼굴 이미지를 삽입한다.
2. 얼굴이 인식된 경우, 감정 분석을 진행하고 그에 어울리는 책을 추천한다.
3. 얼굴이 인식되지 않은 경우, 다시 시도하라는 안내 메시지를 제공한다.

```
시작버튼을 클릭했을 때
음성합성(TTS) [한국어] "현재 감정에 맞는 책을 추천해드립니다."
음성합성(TTS) [한국어] "얼굴 인식을 시작합니다."
이미지 [삽입하기]
-- 이 블록을 바꾸세요 --
만약   -- 이 블록을 바꾸세요 --  ≥  1
하기   음성합성(TTS) [한국어] "얼굴이 인식되었습니다. 감정 분석을 시작합니다."
       -- 이 블록을 바꾸세요 --
아니라면 음성합성(TTS) [한국어] "얼굴을 다시 인식시켜 주세요."

함수 [감정 분석]
만약   -- 이 블록을 바꾸세요 --  =  "기쁨"
하기   음성합성(TTS) [한국어] "유쾌한 이야기와 포근한 감정이 담긴 소설이나 자기계발서를 추천합니다."
다른 경우  -- 이 블록을 바꾸세요 --  =  "슬픔"
하기   음성합성(TTS) [한국어] "공감을 불러일으키고 위로가 되는 감동적인 소설이나 시를 추천합니다."
아니라면 음성합성(TTS) [한국어] "다양한 주제를 다루며 언제나 새로운 시각을 경험할 수 있는 에세이를 추천합니다."
```

■ 다음 블록을 활용하여 프로그램을 완성해 보세요.

- 〈문제 출제 블록〉(-- 이 블록을 바꾸세요 -- , ? 등)을 삭제하고, 그 자리에 아래 주어진 블록만을 사용하여 코딩합니다(다른 블록 사용 불가).
- 한 블록을 여러 번 사용할 수 있으며 블록 안의 문자, 숫자, 기호 등을 적절히 변경합니다.

활용할 블록

[인식 된 [얼굴] 의 수] [[1] 번째 얼굴의 감정해석] [[이미지] 얼굴 감지하기] [감정 분석]

문제 6

배점: 15점

영화 리뷰 데이터의 내용이 긍정인지 부정인지 판별하고, 해당 영화의 리뷰 분석 결과를 알려주는 프로그램을 작성하시오.

조건
1. '영화 리뷰.xlsx' 파일을 다운받아 '영화 리뷰' 데이터 세트를 추가한다.
2. AI 학습 > 지도학습 > 텍스트 분류 학습 > 샘플 모델을 사용한다.
3. 샘플 모델명을 '긍부정 분류'로 저장한다.
4. 데이터 세트 안의 리뷰 내용이 긍정인지 부정인지 모델을 통해 분류한다.
5. '리뷰 분석' 함수를 활용하여 긍정적인 리뷰가 절반 이상(3개 이상)일 경우와 아닌 경우로 나누어 분석 결과를 음성으로 안내한다.

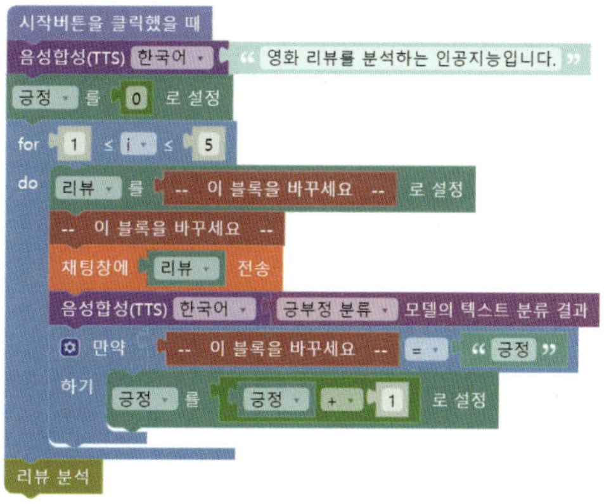

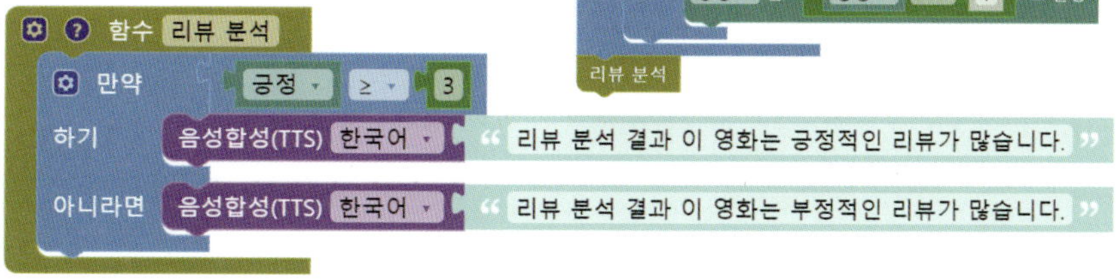

■ 다음 블록을 활용하여 프로그램을 완성해 보세요.

- 〈문제 출제 블록〉(이 블록을 바꾸세요 , ? 등)을 삭제하고, 그 자리에 아래 주어진 블록만을 사용하여 코딩합니다(다른 블록 사용 불가).
- 한 블록을 여러 번 사용할 수 있으며 블록 안의 문자, 숫자, 기호 등을 적절히 변경합니다.

활용할 블록

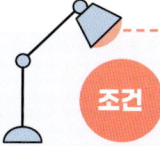

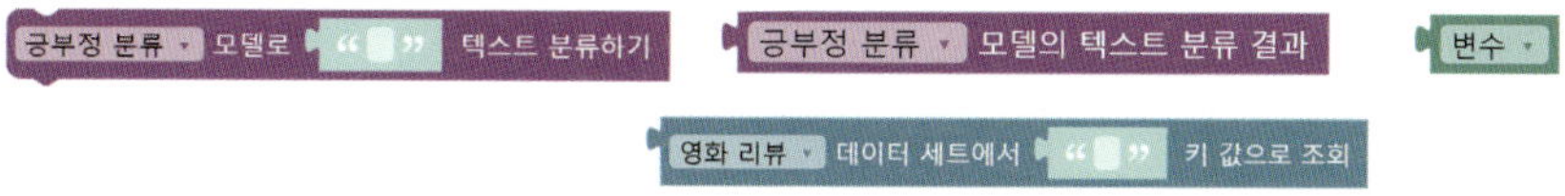

문제 7

배점: 15점

치타와 하이에나를 구분하는 모델을 생성하고, 각 동물의 특징을 알려주는 프로그램을 코딩하시오.

조건
1. 티처블 머신을 활용하여 '치타', '하이에나' 클래스로 학습시킨다.
2. 각 동물의 이미지를 업로드하고 인식 결과를 음성으로 안내한다.
3. 인식 결과에 따라 해당 동물의 특징을 음성으로 안내한다.

※ 코드가 맞는지 여부로 채점을 하고 지도학습의 정확도는 측정하지 않습니다.
※ https://teachablemachine.withgoogle.com 에서 모델 생성

▣ 다음 블록을 활용하여 프로그램을 완성해 보세요.

- 〈문제 출제 블록〉( 등)을 삭제하고, 그 자리에 아래 주어진 블록만을 사용하여 코딩합니다(다른 블록 사용 불가).
- 한 블록을 여러 번 사용할 수 있으며 블록 안의 문자, 숫자, 기호 등을 적절히 변경합니다.

활용할 블록

티처블 이미지 모델로 분류하기
입력 데이터 : 이미지 파일

티처블 이미지 모델 분류결과

티처블 이미지 모델의 주소를 " " 로 설정하기

문제 8

문제 유형: 실습 B형 배점: 15점

API를 활용하여 인천공항 제1여객터미널(T1)의 입국장 승객 수가 가장 많은 시간대를 실시간으로 알려주는 프로그램을 코딩하시오.

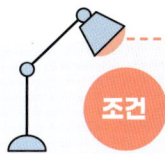 **조건**

1. API를 활용하여 인천 공항의 입출국 승객 수 관련 데이터를 요청하고 해당 값을 변수에 저장한다.
   - API 이름: 입출국 승객 수
   - END POINT: https://apis.data.go.kr/B551177/PassengerNoticeKR/getfPassengerNoticeIKR
   - 파라미터

파라미터 이름	값
serviceKey	9fmFTKZvqS0nREA5+zRuN/JLN/3RBwSS0ghCrGYRL1zluVPLG1r0auoUfHf1XraRiVxmNJQq/Krt/oiL8L4MZA==
type	json

2. 시간대 별 T1의 입국장 총 승객 수를 확인한다.
3. 승객 수가 가장 많은 시간대를 확인하고 해당 시간대와 승객 수를 음성으로 안내한다.

[데이터의 구조]

```
▼"root" : { 1 item
  ▼"response" : { 2 items
    ▼"header" : { 2 items
        "resultCode" : "00"
        "resultMsg" : "NORMAL SERVICE."
    }
    ▼"body" : { 1 item
      ▼"items" : [ 25 items
        ▼ 0 : { 18 items
            "adate" : "20240514"         ← 표출 일자
            "atime" : "00_01"            ← 시간 (00시~01시 사이)
            "t1sum1" : "529.0"
            "t1sum2" : "0.0"
            "t1sum3" : "0.0"
            "t1sum4" : "0.0"
            "t1sumset1" : "529.0"        ← T1 입국장 승객 수 합계 (인원 수)
```

문제 8

■ 다음 블록을 활용하여 프로그램을 완성해 보세요.

• ⟨문제 출제 블록⟩ (이 블록을 바꾸세요 , ? 등)을 삭제하고, 그 자리에 아래 주어진 블록만을 사용하여 코딩합니다(다른 블록 사용 불가).

• 한 블록을 여러 번 사용할 수 있으며 블록 안의 문자, 숫자, 기호 등을 적절히 변경합니다.

활용할 블록

실전 문제
정답 및 해설

AICE Future 1급

제1장 인공지능 이론

44~47쪽

문제 1 정답 ③
해설 인공지능은 과거의 데이터를 분석하여 미래를 예측하는데, 데이터의 양과 분석 기술이 발달하여 예측의 정확도는 매우 높아졌습니다.

문제 2 정답 ③
해설 데이터의 양이 많을수록 모델의 성능과 예측 능력이 향상되고, 데이터의 품질은 모델의 정확도에 영향을 줍니다. 또한 최신의 데이터를 사용하는 것이 효과적입니다.

문제 3 정답 ②
해설 정형 데이터는 일정한 구조를 가지고 있어 데이터를 쉽게 다룰 수 있는 반면, 비정형 데이터는 표 형태로 정리되지 않아 값의 의미를 쉽게 파악하기 힘들고 관리가 비교적 어렵습니다.

문제 4 정답 ③
해설 데이터 전처리는 데이터를 모델에 입력하기 적합한 형태로 변환하여 예측 정확도를 높이는 것이 주요 목적입니다.

문제 5 정답 ④
해설 은닉층의 수가 많을수록 더 복잡한 문제를 해결할 수 있습니다.

문제 6 정답 ③
해설 컴퓨터 비전은 주로 이미지나 비디오와 같은 시각적 데이터를 처리하는 분야를 말합니다. 따라서 음성 인식은 컴퓨터 비전의 주요 영역이 아닙니다.

문제 7 정답 ①
해설 딥러닝의 발전으로 자연어 처리 분야가 크게 발전하였고, 텍스트에서 사용자의 감정을 분석하는 것도 가능해졌습니다.

문제 8 정답 ④
해설 인공지능을 사용하여 문제를 해결하는 과정의 올바른 순서는 '문제 정의 – 데이터 수집 – 데이터 탐색 – AI 모델 학습 – AI 활용'입니다.

문제 9 정답 ②
해설 인공지능의 오류로 인한 사고의 책임을 전적으로 인공지능이 질 수는 없으며 인공지능의 개발자, 사용자 등 책임 소재에 대한 논란은 지금도 계속되고 있습니다.

문제 10 정답 ④
해설 데이터 수집 이후에는 편향성을 최소화하기 위해 선별, 정제, 검증 등의 관리 과정이 필요합니다.

제2장 AI 학습을 위한 심화 코딩 1

70~71쪽

문제 1 정답

해설: 입력창에 입력한 숫자를 '숫자확인' 함수에 보내어 0보다 큰지, 작은지 판단하여 음성으로 알려줍니다.

문제 2 정답

해설: 입력창에 입력한 숫자를 '홀수 짝수' 함수에 보내어 홀수인지 짝수인지 판단하도록 합니다.

해설: 입력받은 숫자가 짝수인지 홀수인지 판별합니다.

해설: 판별한 결과를 돌려줍니다.

실전 문제 · 정답 및 해설 _ 219

제2장 AI 학습을 위한 심화 코딩 1

72쪽

문제 3 정답

[블록 코딩 이미지]
- 시작버튼을 클릭했을 때
- 국어점수 를 90 로 설정
- 수학점수 를 100 로 설정
- 영어점수 를 80 로 설정
- 평균 점수 를 [평균 계산 사용: x 국어점수, y 수학점수, z 영어점수] 로 설정 ①
- 음성합성(TTS) 한국어 문장결합 "시험 성적의 평균 값 : " 평균 점수 ③

함수 평균 계산 사용: x, y, z
- 평균 를 x + y + z ÷ 3 로 설정
- 다음을 돌려줌 평균 ②

해설

① 매개 변수 x, y, z를 국어, 수학, 영어 점수로 설정합니다.
② 평균을 계산한 다음 평균 값을 돌려줍니다.
③ 돌려받은 평균 값을 변수 '평균 점수'에 저장한 다음 음성으로 알려줍니다.

제2장 AI 학습을 위한 심화 코딩 1

73쪽

문제 4 **정답**

[시작버튼을 클릭했을 때]
[음성합성(TTS) 한국어 "원하는 음료수를 골라주세요."]
[가격 ▼ 를 0 로 설정]
[지불 금액 ▼ 를 2000 로 설정]
[음료수 ▼ 를 입력창 (제목: "콜라, 사이다 중 선택하세요.") 로 설정]
[가격 확인] ①
[거스름돈 계산] ②
[음성합성(TTS) 한국어 "안녕히 가세요."]

[함수 가격 확인]
 만약 음료수 ▼ = "콜라"
 하기 가격 ▼ 를 1800 로 설정
 다른 경우 음료수 ▼ = "사이다"
 하기 가격 ▼ 를 1500 로 설정
 아니라면 가격 ▼ 를 0 로 설정

[함수 거스름돈 계산]
 만약 가격 ▼ = 0
 하기 음성합성(TTS) 한국어 "판매하지 않는 음료수입니다."
 아니라면 음성합성(TTS) 한국어 문장 음료수 ▼ 에 글자 "를 구매하셨습니다." (을)를 덧붙이기
  문장결합 "거스름돈은"
  [지불 금액 ▼ - 가격 ▼] ③
  음성합성(TTS) 한국어
  "원 입니다."

해설

① 가격 함수에서 선택한 음료수의 가격을 확인합니다.
② 거스름돈 함수에서 거스름돈을 계산합니다.
③ 거스름돈은 지불 금액에서 가격을 뺀 금액입니다.

제2장 AI 학습을 위한 심화 코딩 2

79쪽

문제 1 정답

[블록 코딩 이미지: 시작버튼을 클릭했을 때 for 2 ≤ i ≤ 9 ① do 만약 i 가 짝수(even) 이면 ② 하기 채팅창에 문장결합 i "단" 전송 멈추기 0.2 초 for 1 ≤ j ≤ 9 do 채팅창에 문장결합 i "X" j "=" i × j ③ 전송 멈추기 0.2 초]

해설
① 구구단은 2단에서 9단까지 있으므로 2에서 9까지 반복합니다.
② 단이 짝수인지 판별합니다.
③ 곱셈의 형태로 채팅창에 출력합니다.

제2장 AI 학습을 위한 심화 코딩 2

80쪽

문제 2 정답

[블록 코딩 이미지]

해설
① 입력된 숫자의 단을 제외하고 채팅창에 출력합니다.
② 각 단은 각 단의 숫자와 1~9까지 9개 숫자의 곱셈으로 구성되므로 1~9까지 반복하여 출력합니다.

제2장 AI 학습을 위한 심화 코딩 2

81쪽

문제 3 **정답**

```
시작버튼을 클릭했을 때
i ▼ 를 2 로 설정
조건이 i ▼ ≤ ▼ 9  이라면 반복하기   ①
  실행  만약 i ▼ 가 홀수(odd) 이면
       하기  채팅창에  문장결합 i ▼     전송
                            "단"
       멈추기 0.2 초
       j ▼ 를 1 로 설정   ②
       조건이 j ▼ ≤ ▼ 9  이라면 반복하기
         실행  채팅창에  문장결합 i ▼    전송
                            "X"
                            j ▼
                            "="
                            i × ▼ j
              j ▼ 를 j + 1 로 설정
              멈추기 0.2 초
       i ▼ 를 i + 1 로 설정   ③
```

해설
① 구구단은 9단까지 있으므로 9까지 반복합니다.
② 각 단은 각 단의 숫자와 1~9까지 9개 숫자의 곱셈으로 구성되므로 1부터 시작합니다.
③ 초기 값부터 1씩 더해 가며 실행합니다.

제3장 AI 학습을 위한 데이터 활용 1

95쪽

문제 1 　정답

(코드 블록 이미지: 시작버튼을 클릭했을 때 / 무한 반복하기 / 음성합성(TTS) 한국어 "꽃말을 알고 싶은 꽃의 이름을 말하세요." / 꽃말 확인 사용: x 음성 인식(STT) 한국어)

(함수 블록 이미지: 함수 꽃말 확인 사용: x / 꽃말 ▼ 를 ①[꽃말 ▼ 데이터 세트에서 x ▼ 키 값으로 조회] 로 설정 / 만약 꽃말 ▼ = 빈 값(NULL) / 하기 음성합성(TTS) 한국어 "해당 꽃의 정보가 없습니다." / 아니라면 음성합성(TTS) 한국어 문장결합 ②[x ▼] "의 꽃말은" 꽃말 ▼ "입니다.")

　해설

먼저, 다운로드한 '꽃말_엑셀.xlsx' 파일을 코디니 플랫폼에 불러와 '꽃말' 데이터 세트로 추가합니다.

① 꽃말 데이터 세트에서 음성 인식된 꽃 이름, 즉 매개 변수 x 키 값으로 조회하여 꽃말을 추출합니다.

② 매개 변수 x의 꽃말을 말해 줍니다.

제3장 AI 학습을 위한 데이터 활용 1

96쪽

문제 2 정답

```
시작버튼을 클릭했을 때
음성합성(TTS) 한국어 " 지금부터 영어단어 퀴즈를 시작하겠습니다. "
음성합성(TTS) 한국어 " 단어를 보고 그에 해당하는 영어 단어를 적어주세요 "
점수 를 0 로 설정
for 1 ≤ i ≤ 5
do  문제 를 [영단어 문제 데이터 세트에서 i 키 값으로 조회] 로 설정   ①
    정답 를 [영단어 정답 데이터 세트에서 i 키 값으로 조회] 로 설정   ②
    음성합성(TTS) 한국어 문장 문제 에 글자 " 를 영어로 적어주세요. " (을)를 덧붙이기
    입력 를 입력창 (제목: " 영어 단어를 적어주세요. " ) 로 설정
    만약 [ 입력 = 정답 ]   ③
    하기  음성합성(TTS) 한국어 " 정답입니다. "
          점수 를 점수 + 1 로 설정
    아니라면 음성합성(TTS) 한국어 " 오답입니다. "
            음성합성(TTS) 한국어 문장 " 정답 : " 에 글자 정답 (을)를 덧붙이기
음성합성(TTS) 한국어 문장 점수 에 글자 " 개 정답! " (을)를 덧붙이기
```

해설

먼저, 다운로드한 '영어단어퀴즈_문제.xlsx' 파일로 '영단어 문제' 데이터 세트를 추가하고,
'영어단어퀴즈_정답.xlsx' 파일로 '영단어 정답' 데이터 세트를 추가합니다.

① 영단어 문제 데이터 세트에서 문제를 추출합니다.
② 영단어 정답 데이터 세트에서 정답을 추출합니다.
③ 문제와 정답이 일치하는지 확인합니다.

제3장 AI 학습을 위한 데이터 활용 1

97쪽

문제 3 　**정답**

```
시작버튼을 클릭했을 때
음성합성(TTS) 한국어 "자격증 합격 조회 프로그램입니다."
음성합성(TTS) 한국어 "핸드폰 번호 뒷자리 4자리를 입력하세요."
번호 를 입력창 (제목: "핸드폰 번호 네자리를 입력하세요 (예: 1234)") 로 설정
합격조회
```

```
함수 합격조회
  성적 를 성적 데이터 세트에서 번호 키 값으로 조회 로 설정    ①
  만약 성적 = 빈 값(NULL)    ②
  하기 음성합성(TTS) 한국어 "조회 결과가 없습니다. 번호를 다시 입력해보세요."
  아니라면 음성합성(TTS) 한국어 문장 성적 에 글자 "점 입니다." (을)를 덧붙이기
    만약 성적 ≥ 60
    하기 음성합성(TTS) 한국어 "합격입니다. 축하드립니다."
    아니라면 음성합성(TTS) 한국어 "불합격입니다. 다음에 다시 도전해 주세요."
```

해설

먼저, 다운로드한 '성적.xlsx' 파일로 '성적' 데이터 세트를 추가합니다.
① 성적 데이터 세트에서 전화번호를 키 값으로 하여 성적을 조회합니다.
② 성적 키 값이 빈 값이면 성적 데이터가 없다고 안내합니다.

제3장 AI 학습을 위한 데이터 활용 2

109쪽

문제 1 **정답**

```
시작버튼을 클릭했을 때
음성합성(TTS) 한국어 "서울에서 폭염이 가장 많이 발생한 연도를 확인하는 프로그램 입니다."
최댓값 ▼ 를 서울 폭염 ▼ 데이터 세트에서 "2007" 키 값으로 조회 로 설정
for 2008 ≤ i ▼ ≤ 2022
do 폭염일수 ▼ 를 [서울 폭염 ▼ 데이터 세트에서 i ▼ 키 값으로 조회] ① 로 설정
   만약 최댓값 ▼ 을(를) 숫자로 변환 ≤ 폭염일수 ▼ 을(를) 숫자로 변환
   하기 최댓값 ▼ 를 폭염일수 ▼ 로 설정
        결과 연도 ▼ 를 i ▼ 로 설정  ②
   문장결합 "서울에서 폭염이 가장 많이 발생한 연도는"
음성합성(TTS) 한국어        결과 연도 ▼
                          "년 입니다."
```

해설

먼저, 학습 자료에서 '행정안전부_폭염 발생현황' 데이터를 다운로드한 후,
CSV를 활용하여 '서울 폭염' 데이터 세트를 추가합니다.
① 서울 폭염 데이터 세트에서 2008년의 폭염 일수를 조회하여 2007년의 폭염 일수와 비교합니다.
② 2022년까지 반복 실행하며 폭염 일수가 가장 많은 연도를 찾아 출력합니다.

 제4장 다양한 AI 응용 코딩 1

121쪽

문제 1 **정답**

```
시작버튼을 클릭했을 때
음성합성(TTS) 한국어 " 영어를 한국어로 자동 번역합니다. "
음성합성(TTS) 한국어 " 지니를 부르고, 번역할 사진을 보여주세요. "
" 지니야 " 호출어 감지시 반복 실행
    이미지 삽입하기
    이미지 ▼ 텍스트 감지하기      ①
    음성합성(TTS) 영어(미국)  1 ▼ 번째 텍스트   ②
    음성합성(TTS) 한국어 " 를 한국어로 번역하면 "
    음성합성(TTS) 한국어  영어 ▼ 을(를)  1 ▼ 번째 텍스트
                        한국어 ▼ 로 번역하기         ③
    음성합성(TTS) 한국어 " 입니다. "
```

해설
① 이미지의 텍스트를 감지합니다.
② 감지된 영단어를 영어로 말해 줍니다.
③ 감지된 영단어를 우리말로 번역해 줍니다.

제4장 다양한 AI 응용 코딩 1

122~123쪽

문제 2 정답

(코드 블록 이미지)

해설
① 도서관 회원 카드의 번호를 인식합니다.
② 감지된 회원 카드의 번호를 카드 번호에 저장합니다.
③ 대출 도서 데이터 세트에서 카드 번호 키 값으로 조회합니다.
④ 조회한 값이 빈 값인지 확인합니다.

 **제4장 다양한 AI 응용 코딩 2**

137~138쪽

문제 1 정답

```
시작버튼을 클릭했을 때
음성합성(TTS) 한국어 "기분에 맞는 노래를 추천해드리겠습니다."
음성합성(TTS) 한국어 "지니를 부른 후 화면에 얼굴을 보여주세요."
"지니야" 호출어 감지시 반복 실행
    이미지 삽입하기
    이미지 ▼ 얼굴 감지하기                    ①
    만약  인식 된 얼굴 ▼ 의 수  ≥  1           ②
    하기  음성합성(TTS) 한국어 "얼굴이 인식되었습니다."
          감정 분석 ▼ 신호 보내고 기다리기
    아니라면  음성합성(TTS) 한국어 "얼굴이 인식되지 않았습니다."
              음성합성(TTS) 한국어 "지니를 불러서 다시 진행해주세요."

감정 분석 ▼ 신호를 받았을 때
음성합성(TTS) 한국어 "감정 분석을 시작합니다."
만약  1 ▼ 번째 얼굴의 감정해석  =  "기쁨"
하기  음성합성(TTS) 한국어 "기쁘시군요."
      음성합성(TTS) 한국어 "신나는 노래를 재생합니다."      ③
다른 경우  1 ▼ 번째 얼굴의 감정해석  =  "슬픔"
하기  음성합성(TTS) 한국어 "슬프시군요."
      음성합성(TTS) 한국어 "위로가 되는 노래를 재생합니다."
아니라면  음성합성(TTS) 한국어 "어떤 기분인지 알 수 없군요."
          음성합성(TTS) 한국어 "랜덤으로 노래를 재생합니다."
```

해설

① 삽입된 이미지 얼굴을 감지합니다.
② 인식된 얼굴의 수를 확인합니다.
③ 감지된 얼굴의 감정을 분석합니다.
④ 해석된 감정의 결과를 알려줍니다.

제4장 다양한 AI 응용 코딩 2

139쪽

문제 2 **정답**

```
시작버튼을 클릭했을 때
음성합성(TTS) 한국어 " 현재 감정에 맞는 명언이나 문구를 읽어드립니다. "
음성합성(TTS) 한국어 " 지니를 불러서 얼굴인식을 시작해 주세요. "
" 지니야 " 호출어 감지시 반복 실행
  이미지 삽입하기                    ①
  이미지 ▼ 얼굴 감지하기
  만약   인식 된 얼굴 ▼ 의 수 ≥ 1      ②
  하기  음성합성(TTS) 한국어 " 얼굴이 인식되었습니다. "
        감정 ▼ 를 1 번째 얼굴의 감정해석 로 설정
        음성합성(TTS) 한국어 문장 " 현재 감정 상태 : " 에 글자 감정 (을)를 덧붙이기
        명언 읽어주기 사용:
                    x  감정              ③
  아니라면 음성합성(TTS) 한국어 " 지니를 불러 얼굴 인식을 다시 진행해주세요. "
```

```
함수 명언 읽어주기 사용: x
  만약   x ▼ = " 기쁨 "
  하기  음성합성(TTS) 한국어 " 긍정적인 마음으로 새로운 하루를 맞이하자. "
  다른 경우 x ▼ = " 슬픔 "
  하기  음성합성(TTS) 한국어 " 슬픔을 딛고 일어나는 순간, 우리는 더 강해진다. "
  아니라면 음성합성(TTS) 한국어 " 어제보다 나은 내일을 위해 오늘 최선을 다하라. "
```

해설

① 삽입된 이미지 얼굴을 감지합니다.
② 인식된 얼굴의 수를 확인합니다.
③ 해석된 감정의 결과를 '명언 읽어주기' 함수에 보냅니다.

제4장 다양한 AI 응용 코딩 3

151쪽

문제 1 정답

```
시작버튼을 클릭했을 때
음성합성(TTS) 한국어 " 과일을 보여주시면 가격을 알려드립니다. "
티처블 이미지 모델의 주소를 " https://teachablemachine.withgoogle.com/models/q... " 로 설정하기   ①
티처블 이미지 모델로 분류하기
  입력 데이터 : 이미지 파일
만약  티처블 이미지 모델 분류결과 = " 사과 "
하기  음성합성(TTS) 한국어  ② " 사과의 가격은 2000원 입니다. "
다른 경우  티처블 이미지 모델 분류결과 = " 귤 "
하기  음성합성(TTS) 한국어 " 귤의 가격은 1500원 입니다. "
음성합성(TTS) 한국어 " 이용해주셔서 감사합니다. "
```

해설

먼저, 다운로드한 이미지를 AI학습 > 지도학습 > 티처블 머신을 사용하여 '사과'와 '귤' 클래스로 학습시킨 후, 공유 링크를 복사합니다.

① 티처블 머신의 이미지 모델 주소를 복사한 링크로 설정합니다.
② 티처블 머신의 분류 결과가 사과인지 귤인지 판단합니다.

제4장 다양한 AI 응용 코딩 4

164쪽

문제 1 **정답**

[블록 코딩 이미지]

해설

1. AI 학습 〉 데이터 과학 〉 데이터 〉〉 단순 회귀 분석 〉 학습 데이터 테이블 〉 테이블 불러오기에서 '초등학생 학급당 학생 수' 데이터를 불러옵니다.
2. AI 학습 〉 데이터 과학 〉 데이터 〉〉 단순 회귀 분석 〉 단순 회귀 분석에서 데이터를 학습시킵니다.
   – 컬럼 선택에서 '특징값: 연도, 측정값: 전국 학생 수'로 선택한 다음 1차 방정식으로 학습을 시킵니다.
   – 학습이 끝나면 결과를 확인하고 모델 이름을 '학급당 학생 수 예측'으로 하여 서버에 저장합니다.
3. 학습이 끝나면 블록창으로 돌아와 코딩을 합니다.

연도 예측
① 학생 수를 예측하기 위하여 모델 '초등학생 학급당 학생 수 예측'의 특정 값에 연도를 입력한 후 학생 수 변수에 저장합니다.
② 반복문을 사용하여 2025년부터 매년 예측 값을 구하며, 그 값이 18명 이상이 되면 반복을 중단하고 그 값에 해당하는 연도를 말해 줍니다.

제4장 다양한 AI 응용 코딩 4

165쪽

문제 2 　**정답**

[블록 코딩 이미지]

- 시작버튼을 클릭했을 때
- 음성합성(TTS) 한국어 "최고기온에 따른 아이스크림 구매금액을 예측하는 인공지능 입니다."
- 음성인식결과 를 음성 인식(STT) 한국어 로 설정
- 낮최고기온 을 낮최고기온 지역 음성인식결과 로 설정 ①
- 만약 낮최고기온 ≠ 빈 값(NULL) 하기
  - 음성합성(TTS) 한국어 문장결합 음성인식결과 "의 낮 최고기온은" 낮최고기온 "입니다."
  - 예측 을 아이스크림 구매 예측 로 특징값: 낮최고기온 을(를) 숫자로 변환 예측하기 로 설정 ②
  - 채팅창에 문장결합 음성인식결과 "지역의 아이스크림 구매 예측 금액은" 예측 "(억원) 입니다." 전송
- 아니라면 음성합성(TTS) 한국어 "해당 지역의 정보가 없습니다."

해설

1. AI 학습 〉 데이터 과학 〉 데이터 〉〉 단순 회귀 분석 〉 학습 데이터 테이블 〉 테이블 불러오기에서 '기온 및 아이스크림 구매금액' 데이터를 불러옵니다.
2. AI 학습 〉 데이터 과학 〉 데이터 〉〉 단순 회귀 분석 〉 단순 회귀 분석에서 데이터를 학습시킵니다.
   – 컬럼 선택에서 '특징값: 최고기온, 측정값: 아이스크림 구매금액'으로 선택한 다음 1차 방정식으로 학습을 시킵니다.
   – 학습이 끝나면 결과를 확인하고 모델 이름을 '아이스크림 구매 예측'으로 하여 서버에 저장합니다.
3. 학습이 끝나면 블록창으로 돌아와 코딩을 합니다.

아이스크림 구매 예측
① 알고싶은 지역의 낮 최고 기온을 '낮최고기온' 변수에 저장합니다.
② 아이스크림 구매 예측 모델로 낮 최고기온에 따른 아이스크림 구매금액을 예측합니다.
　API 블록에서 불러온 최고기온은 숫자가 아니라 문자이므로 숫자로 변환시켜 줍니다.

실전 문제 · 정답 및 해설 _ 235

제5장 정보 활용 AI 코딩

184~185쪽

문제 1 **정답**

```
시작버튼을 클릭했을 때
음성합성(TTS) 한국어 ▼ " 어느 공항의 대기시간이 궁금하신가요? "
음성인식결과 ▼ 를 음성 인식(STT) 한국어 ▼ 로 설정
API결과 ▼ 를 실시간 데이터 API 호출 공항 대기시간 ▼ 요청: 반환타입 json ▼ 로 설정
공항코드 ▼ 를 공항코드 ▼ 데이터 세트에서 음성인식결과 ▼ 키 값으로 조회 로 설정   ①
만약 공항코드 ▼ = 빈 값(NULL) ▼
하기 음성합성(TTS) 한국어 ▼ " 해당 공항 정보가 없습니다. "
아니라면 for 1 ≤ i ≤ API결과 ▼ 결과 값에 키값이 " data " 인 리스트의 길이
  do 공항데이터 ▼ 를 API결과 ▼ 결과 값에 키값이 " data " 인 리스트의 i ▼ 번째 항목 로 설정
    만약 공항데이터 ▼ 결과 값에 키값: " IATA_APCD " 으로 조회 = 공항코드 ▼
    하기 대기시간 ▼ 를 공항데이터 ▼ 결과 값에 키값: " STY_TCT_AVG_ALL " 으로 조회 로 설정   ②
    음성합성(TTS) 한국어 ▼ 문장결합 음성인식결과 ▼
                                    " 공항의 평균 대기 시간은 "
                                    대기시간 ▼ ÷ 60
                                    " 분 입니다. "
```

해설

먼저, 속성 〉 외부 API추가에서 END POINT와 파라미터를 입력합니다.
① '공항코드' 데이터 세트에서 찾고자 하는 공항의 코드를 조회합니다
② 공항데이터 결괏값에서 전체 구간 총 평균 대기 시간을 키 값으로 조회합니다.

모의 평가 정답 및 해설

AICE Future 1급

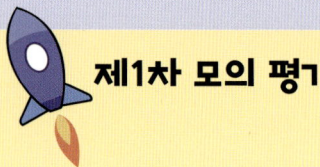

제1차 모의 평가

188~189쪽

문제 1 정답 ③

해설 인공지능 학습에서 학습 데이터의 양이 많을수록 모델의 성능이 향상됩니다.

문제 2 정답

```
시작버튼을 클릭했을 때
  입력 ▼ 를 입력창 (제목: " 숫자를 입력하세요. " ) 로 설정
  숫자 확인 사용:
              x  입력 ▼
```

```
함수 숫자 확인 사용: x
  만약   x ▼ ÷ 5 의 나머지 = ▼ 0
  하기   음성합성(TTS) 한국어 ▼ " 5의 배수가 맞습니다. "
  아니라면 음성합성(TTS) 한국어 ▼ " 5의 배수가 아닙니다. "
```

해설 입력창에 입력받은 숫자에 대하여 5의 배수인지 판단하도록 함수를 사용합니다.

제1차 모의 평가

190쪽

문제 3 **정답**

```
시작버튼을 클릭했을 때
최솟값 ▼ 를 숫자 목록 ▼ 의 1 번째 항목 로 설정
for  2 ≤ i ▼ ≤ 숫자 목록 ▼ 의 항목수     ①
do  만약 최솟값 ▼ > 숫자 목록 ▼ 의 i ▼ 번째 항목   ②
    하기 최솟값 ▼ 를 숫자 목록 ▼ 의 i ▼ 번째 항목 로 설정  ③
알림창에 문장 " 최솟값 : " 에 글자 최솟값 ▼ (을)를 덧붙이기 표시
```

해설

먼저, '숫자 목록' 리스트를 만들고 '2, 5, 1, 4'를 입력합니다.

① 리스트의 두번째 항목을 첫번째 항목과 비교하고, 이어서 리스트의 수만큼 돌아가며 비교합니다.

② i번째 항목과 그 이전까지의 최솟값을 비교합니다.

③ 만약 i번째 항목이 그 이전의 최솟값보다 작으면 새로운 최솟값으로 저장합니다.

제1차 모의 평가

191쪽

문제 4 정답

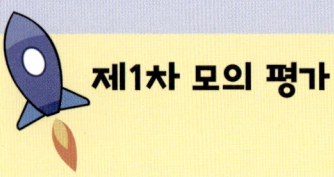

해설

먼저, '등록차량' 리스트를 만들고 차량 번호를 입력합니다.

① 등록차량 리스트에 차량 번호가 포함되어 있는지 확인합니다.

② 번호판 이미지를 인식시키고 텍스트를 감지합니다.

③ 인식된 차량 번호를 변수 '차량번호'에 저장합니다.

제1차 모의 평가

문제 5 　정답

[블록 코딩 이미지]

해설

먼저, 다운로드한 '음식_칼로리.xlsx' 파일을 코디니 플랫폼에 불러와 '칼로리' 데이터 세트로 추가합니다.

① 음성 인식된 음식 이름으로 칼로리 데이터 세트에서 조회합니다.
② 데이터 세트 항목이 빈 값이면 칼로리 정보가 없다고 안내합니다.

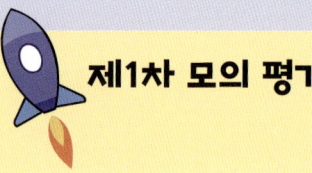

제1차 모의 평가

193쪽

문제 6 정답

[블록 코딩 이미지]

해설

먼저, AI 학습 > 지도학습 > 이미지 분류 학습 > 샘플 모델(4번 장미 튤립)을 사용하여 학습시킨 후 모델 이름을 '꽃 분류'로 저장합니다.
① 다운로드한 꽃 이미지를 인식시키고, 이미지 분류 모델로 분류합니다.
② 꽃 분류에서 돌려받은 꽃 종류 변수를 사용하여 꽃말 확인 함수에서 꽃말을 안내하도록 합니다.

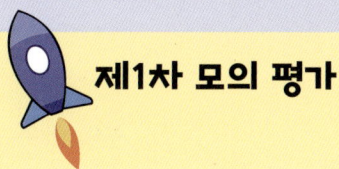

제1차 모의 평가

194쪽

문제 7 정답

(블록 코딩 답안)

해설

먼저, 다운로드한 이미지를 AI 학습 〉 지도학습 〉 티처블 머신을 사용하여 '가위 바위 보' 모델로 학습시킨 후, 공유 링크를 복사합니다.

① 티처블 머신의 이미지 모델 주소를 복사한 링크로 설정합니다.
② 인식된 이미지 파일을 입력 데이터로 설정합니다.
③ 티처블 머신으로 분류한 이미지 분류 결과를 인식 결과 변수에 저장합니다.
④ 컴퓨터는 가위 바위 보를 랜덤으로 선택합니다.

제1차 모의 평가

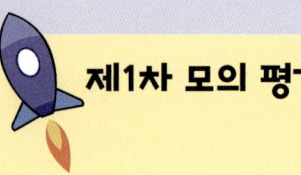

문제 8 정답

[블록 코딩 이미지]

해설

먼저, 속성 > 외부 API 추가에서 END POINT와 파라미터를 입력합니다.
① Body 조회 값에서 키 값 items로 조회하여 items 조회 값에 저장합니다.
② 주차 현황 변수에서 주차장 위치 키 값인 'floor'로 조회합니다.
③ 여유 공간은 '총 주차 대수 - 현재 주차 대수' 입니다.

제2차 모의 평가

문제 1 정답 ④

해설 일반적으로 은닉층을 여러 개 쌓아 신경망을 깊게 구성할수록 더 복잡한 문제를 해결할 수 있습니다.

문제 2 정답

해설
① X가 학생 1의 몸무게라면, y는 학생 2의 몸무게입니다.
② 평균을 계산하기 위해서 두 값의 합을 2로 나눕니다.
③ 계산한 평균 값을 돌려줍니다.

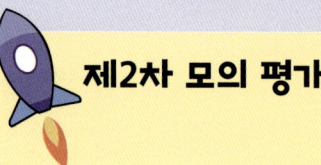

제2차 모의 평가

200쪽

문제 3 정답

[블록 코딩 이미지: 시작버튼을 클릭했을 때, i를 ①2로 설정, 조건이 i ≤ ②9 이라면 반복하기, 실행 만약 i가 짝수(even) 이면, 채팅창에 문장결합 i "단" 전송, j를 ③1로 설정, 조건이 j ≤ ④9 이라면 반복하기, 실행 채팅창에 문장결합 i "X" j "=" i×j 전송, j를 j+1로 설정, i를 i+1로 설정]

해설

① 구구단은 2단부터 시작하므로 반복문의 초기 값을 2로 설정합니다.
② 구구단은 9단까지 있으므로 9까지 반복합니다.
③ 각 단의 뒤 숫자는 1부터 시작합니다.
④ 각 단의 뒤 숫자는 9에서 끝납니다.

제2차 모의 평가

201쪽

문제 4 정답

[블록 코딩 이미지]

해설
① 삽입된 이미지의 얼굴을 감지합니다.
② 인식된 얼굴의 수를 확인합니다.
③ 첫번째 얼굴의 감정을 해석합니다.
④ 해석된 감정의 결과를 '음악 추천하기' 함수에 보냅니다.

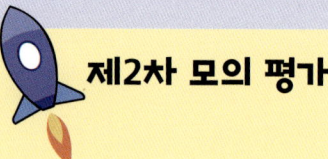

제2차 모의 평가

202쪽

문제 5 **정답**

[블록 코딩 이미지]

해설

먼저, 학습 자료에서 다운로드한 '문제_역사이벤트.xlsx' 파일을 활용하여 '사건' 데이터 세트를 추가하고, '정답_연도.xlsx' 파일로 '연도' 데이터 세트를 추가합니다.

① 사건 데이터 세트에서 문제를 불러옵니다.

② 연도 데이터 세트에서 정답을 불러옵니다.

제2차 모의 평가

203쪽

문제 6 정답

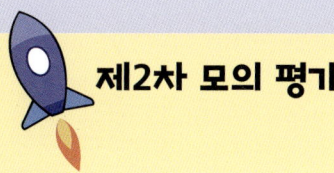

해설

먼저, AI 학습 > 지도학습 > 이미지 분류 학습 > 샘플 모델(3번)을 활용하여 모델을 학습시킨 후 모델 명을 '차량 구분'으로 저장합니다.

① 다운로드한 이미지를 삽입하여 학습시킨 차량 구분 모델로 분류합니다.
② 모델의 분류 결과가 승용차이면 '승용차'라고 안내하고 그렇지 않으면 '트럭'이라고 안내합니다.
③ 세차 비용을 확인하기 위해 분류 결과를 비용 확인 함수로 보냅니다.
④ 분류 결과가 승용차이면 승용차 세차 비용을 안내하고, 그렇지 않으면 트럭 세차 비용을 안내합니다.

제2차 모의 평가

문제 7 정답

시작버튼을 클릭했을 때
음성합성(TTS) 한국어 " 보관 방법을 알고 싶은 식재료를 보여주세요. "
티처블 이미지 ▼ 모델의 주소를 " https://teachablemachine.withgoogle.com/models/U... " 로 설정하기 ①
티처블 이미지 ▼ 모델로 분류하기
  입력 데이터 : 이미지 파일 ▼   ②
음성합성(TTS) 한국어 ▼ 문장 " 인식 결과 : " 에 글자 티처블 이미지 ▼ 모델 분류결과 (을)를 덧붙이가 ③
만약 티처블 이미지 ▼ 모델 분류결과 ④ = " 토마토 "
하기 음성합성(TTS) 한국어 ▼ " 토마토는 실온에서 보관하는 것이 좋습니다. "
아니라면 음성합성(TTS) 한국어 ▼ " 양파는 통풍이 잘 되는 곳에 보관하며 직사광선과 높은 습도를 피해야 합니다. "

해설

먼저, 다운로드한 이미지를 AI 학습 〉 지도학습 〉 티처블 머신을 사용하여 '토마토', '양파' 클래스로 학습시킨 후, 공유 링크를 복사합니다.

① 티처블 머신의 이미지 모델 주소를 복사한 공유 링크로 설정합니다.
② 다운로드한 이미지를 삽입하여 인식시키고 티처블 머신으로 분류합니다.
③ 티처블 머신으로 분류한 이미지 분류 결과를 말해줍니다.
④ 티처블 머신으로 분류한 이미지 분류 결과에 따라 보관 방법을 알려주도록 코딩합니다.

제2차 모의 평가

문제 8 정답

[블록 코딩]
- 시작버튼을 클릭했을 때
- 음성합성(TTS) 한국어 "이산화탄소 농도 값이 450ppm을 넘어서는 첫 연도를 예측하는 인공지능 입니다."
- 연도 를 2025 로 설정
- 무한 반복하기
  - 농도 를 [이산화탄소 농도 예측 으로 특징값: 연도 예측하기] ① 로 설정
  - 채팅창에 문장결합 연도 / ":" / 농도 전송
  - 만약 농도 ≥ 450 하기 반복 중단
  - 연도 를 연도 + 1 로 설정
- 음성합성(TTS) 한국어 문장결합 "이산화탄소 농도 값이 450ppm을 넘어서는 첫 연도는" / 연도 / "년 입니다."

해설

1. AI 학습 〉 데이터 과학 〉 데이터 〉〉 단순 회귀 분석 〉 학습 데이터 테이블 〉 테이블 불러오기에서 '지구의 이산화탄소 농도 변화' 데이터를 불러옵니다.
2. AI 학습 〉 데이터 과학 〉 데이터 〉〉 단순 회귀 분석 〉 단순 회귀 분석에서 데이터를 학습시킵니다.
   – 컬럼 선택에서 '특징값: 연도, 측정값: 이산화탄소'로 선택한 다음, 학습을 1차 방정식으로 학습을 시킵니다.
   – 학습이 끝나면 결과를 확인하고 모델 이름을 '이산화탄소 농도 예측'으로 하여 서버에 저장합니다.
3. 학습이 끝나면 블록창으로 돌아와 코딩을 합니다.

> **농도 예측**
> ① 농도를 예측하기 위하여 모델 '이산화탄소 농도 예측'의 특징 값에 예측하고자 하는 연도를 입력한 후 실행하면 입력한 연도의 이산화탄소 예측 값을 구할 수 있습니다. 반복문을 사용하여 2025년부터 매년 예측 값을 구하고, 그 값이 450ppm 이상이 되는 연도를 알아낼 수 있습니다.

제3차 모의 평가

208~209쪽

문제 1 **정답** ②

해설 먼저 해결해야 할 문제를 명확히 정의한 후 이를 해결하기 위한 데이터를 수집합니다. 수집한 데이터를 탐색하고 이해하는 과정을 거친 후 데이터를 AI 모델에 학습시킵니다. 마지막으로 학습된 AI 모델을 실제 문제 해결에 적용하여 결과를 분석하고 활용합니다.

문제 2 **정답**

해설
① 입력한 물건의 가격을 먼저 확인한 후 구매 금액을 계산하므로 '가격 확인' 함수 호출 후 '금액 계산' 함수를 호출합니다.
② 판매하지 않는 물건의 가격은 0으로 설정합니다.
③ 계산해야 할 총 금액은 '개수×가격'이며 총 구매 금액은 '합계' 변수에 저장합니다.

252 _ 모의 평가 · 정답 및 해설

제3차 모의 평가

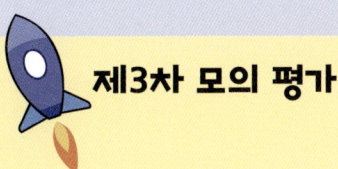

210쪽

문제 3 **정답**

```
시작버튼을 클릭했을 때
입력 ▼ 를  입력창 (제목: " 제외할 단의 숫자를 입력해주세요 " )  로 설정
for  2 ≤ i ▼ ≤ 9   ①
do  만약  i ▼ ≠ 입력 ▼   ②
    하기  채팅창에  문장 i ▼ 에 글자 " 단 " (을)를 덧붙이기  전송
         for  1 ≤ j ▼ ≤ 9   ③
         do  채팅창에  문장결합 i ▼
                              " X "
                              j ▼
                              " = "
                              i ▼ x ▼ j ▼   전송
         멈추기 0.5 초
```

해설

이중 반복문을 사용하여 각 단을 출력합니다. 바깥 반복문은 2단부터 9단까지 반복하고 안쪽 반복문은 1부터 9까지 반복하여 곱셈 결과를 출력합니다.

① 구구단을 2단부터 9단까지 설정합니다.
② 조건문을 사용하여 입력한 단을 제외합니다.
③ 각 단의 뒤 숫자는 1부터 9까지입니다.

제3차 모의 평가

211쪽

문제 4 〔정답〕

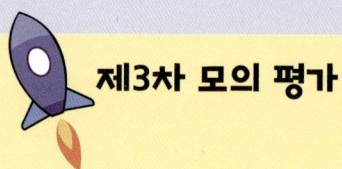

〔해설〕

먼저, '도서 위치' 데이터 세트를 추가합니다.
① 이미지에서 감지된 텍스트를 사용하여 데이터 세트에 해당 책이 있는지 확인합니다.
② 데이터 세트에서 조회된 책의 위치를 출력합니다.

제3차 모의 평가

212쪽

문제 5 정답

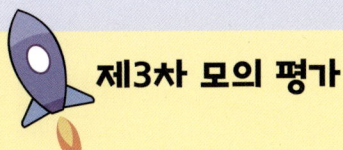

[블록 코드]
- 시작버튼을 클릭했을 때
- 음성합성(TTS) 한국어 " 현재 감정에 맞는 책을 추천해드립니다. "
- 음성합성(TTS) 한국어 " 얼굴 인식을 시작합니다. "
- 이미지 삽입하기
- 이미지 ▼ 얼굴 감지하기 ①
- 만약 인식 된 얼굴 ▼ 의 수 ≥ 1 ②
  - 하기: 음성합성(TTS) 한국어 " 얼굴이 인식되었습니다. 감정 분석을 시작합니다. "
  - 감정 분석 ③
- 아니라면: 음성합성(TTS) 한국어 " 얼굴을 다시 인식시켜 주세요. "

[함수 감정 분석]
- 만약 1 ▼ 번째 얼굴의 감정해석 = " 기쁨 "
  - 하기: 음성합성(TTS) 한국어 ④ " 유쾌한 이야기와 포근한 감정이 담긴 소설이나 자기계발서를 추천합니다. "
- 다른 경우 1 ▼ 번째 얼굴의 감정해석 = " 슬픔 "
  - 하기: 음성합성(TTS) 한국어 " 공감을 불러일으키고 위로가 되는 감동적인 소설이나 시를 추천합니다. "
- 아니라면: 음성합성(TTS) 한국어 " 다양한 주제를 다루며 언제나 새로운 시각을 경험할 수 있는 에세이를 추천합니다. "

해설

① 삽입된 이미지의 얼굴을 감지합니다.

② 인식된 얼굴의 수를 확인합니다.

③ 감정 분석을 수행하기 위해 '감정 분석' 함수를 호출합니다.

④ 해석된 감정의 결과에 따라 책을 추천합니다.

제3차 모의 평가

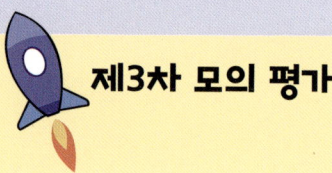

213쪽

문제 6 **정답**

해설

다운로드한 '영화 리뷰.xlsx' 파일을 활용하여 '영화 리뷰' 데이터 세트를 추가합니다. 그리고 AI 학습 〉 지도학습 〉 텍스트 분류 학습 〉 샘플 모델을 활용하여 모델을 학습시킨 후, 모델명을 '긍부정 분류'로 저장합니다.

① 데이터 세트에 있는 리뷰 데이터를 조회합니다.

② 학습시킨 모델을 이용하여 리뷰를 분류합니다.

③ 모델의 분류 결과가 '긍정'일 경우에는 리뷰 분석을 위한 긍정 변수를 1 증가시킵니다.

제3차 모의 평가

214쪽

문제 7 `정답`

[블록 코딩 이미지: 시작버튼을 클릭했을 때 / 음성합성(TTS) 한국어 "치타와 하이에나를 구분하는 인공지능 모델입니다." / 음성합성(TTS) 한국어 "지니를 불러서 사진을 올려보세요." / "지니야" 호출어 감지시 반복 실행 / 티처블 이미지 모델의 주소를 "https://teachablemachine.withgoogle.com/models/3..." 로 설정하기 ① / 티처블 이미지 모델로 분류하기, 입력 데이터: 이미지 파일 ② / 분류결과를 ③ 티처블 이미지 모델 분류결과 로 설정 / 만약 분류결과 = "치타" / 하기 음성합성(TTS) 한국어 "치타는 육식동물 중에서 가장 빠른 동물로, 날카로운 발톱과 가느다란 몸을 가지고 있습니다." / 아니라면 음성합성(TTS) 한국어 "하이에나는 사회적인 동물로 무리를 이루어 생활하며, 강한 아래턱을 가지고 있습니다."]

`해설`

먼저, 다운로드한 이미지를 AI 학습 〉 지도학습 〉 티처블 머신을 사용하여 '치타', '하이에나' 클래스로 학습시킨 후, 공유 링크를 복사합니다.

① 티처블 머신의 이미지 모델 주소를 복사한 공유 링크로 설정합니다.

② 다운로드한 이미지를 삽입하여 인식시키고, 티처블 머신으로 분류합니다.

③ 티처블 머신으로 분류한 이미지의 분류 결과를 변수에 저장합니다.

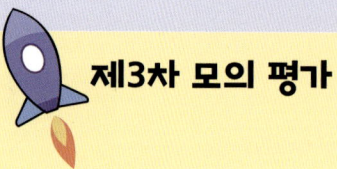

제3차 모의 평가

215~216쪽

문제 8 정답

[블록 코드 이미지]

해설

먼저, 속성 > 외부 API 추가에서 END POINT와 파라미터를 입력합니다.

① 시간대별 정보 값에서 키 값 atime으로 조회하여 '시간' 변수에 저장합니다.

② 시간대별 정보 값에서 키 값 t1sumset1으로 조회하여 '입국장 승객 수' 변수에 저장합니다.

③ 저장된 최대 승객 수보다 조회한 시간대의 입국장 승객 수가 더 많을 경우, '최대 승객 수'를 '입국장 승객 수'로 설정하여 최댓값을 갱신합니다.

찾아보기

[한글순]

ㄱ

광학 문자 인식	113
기계 번역	35
기계학습	26, 27

ㄷ

데이터	20
데이터 수집	27, 39
데이터 세트	84
데이터 전처리	25, 27
데이터 탐색	39
데이터 편향성	42, 43
데이터의 중요성	21
데이터의 유형	23
데이터의 품질	22
디지털 문자	113
딥러닝	26, 28

ㅁ

매개 변수	56
매핑	125

ㅁ(문)

문제 정의	39
문제 해결 능력	18

ㅂ

반복 명령	50
반복 블록	74
비정형 데이터	24

ㅅ

생체 인식 기술	125
생성형 AI	30, 36
생성형 인공지능	36
상황 인식	17
스마트 에어컨	19

ㅇ

안면 인식	125
양면성	40
엑셀 데이터	84
외부 API	172
은닉층	29
이미지 분류	32
이미지 분할	32
이미지 인식	31, 115
일반 소프트웨어	19
입력층	29
인공 신경 세포	28
인공지능	16, 26
인공지능 소프트웨어	19
인공지능 문제 해결	38
인공지능의 특성	17
인공지능의 학습	20
일자리 감소	40
일자리 창출	40

ㅈ

자율주행 자동차	17
자연어 처리	30, 34
정형 데이터	23
조건문	77

ㅊ

출력층	29
챗봇	35
컴퓨터 비전	30, 32

ㅌ

티처블 머신	140
텍스트 요약	35
트랜스포머	34

ㅍ

퍼셉트론	28
픽셀	31

ㅎ

함수	50
함수 코딩 블록	53
함수 사용	51
함수 응용	61
함수 정의	53
함수 호출	52
함수 활용	58
회귀 분석	152
위성항법장치	168
홍채 인식	125
협업	41

[영문순]

AI	16
AI 모델 학습	39
AI 활용	39
API	170
Artificial Neural Network	29
ChatGPT	34
CSV 파일	105
Deep Learning	26, 28
Generative AI	36
GPS	168
JSON	171
Machine Learning	26, 27
NLP	34
Natural Language Processing	34
OCR	113
Pepper	128
Perceptron	28, 29
Transformer	34
for문	74
while문	76